幹大事的閒聊力

31個一針見血、拍手叫好的臨場說話術

〔王牌心理諮商師〕石井貴士／著　巫家蓮／譯

前言

世界上有兩種人，一種是「很難聊」的人，另一種人則是「不用特別努力就能談笑風生」，好像永遠有聊不完的話題。

為什麼會有這樣的差異呢？

有些人會怪罪自己沒有才能，覺得自己「天生就很不擅長說話」，而且跟藝人明石家秋刀魚這種說話能力高超的人一比，馬上就想放棄。

我非常明白這種心情。

但是，你不須和這些頂尖藝人比較，只要比「昨天的自己」進步千分之一就可以了。

今天比昨天進步一點，明天又比今天進步一點……如果能這樣持續不斷地提升說話能力，幾年後，你的說話技巧應該就會變得超乎想像的高明。

雖然很難達到明石家秋刀魚的境界，但如果是「想和大家快樂聊天」「被認為是很會聊天的人」這種程度，只要經過訓練，任何人都能做到。

說話技巧不是與生俱來的才能，而是可以後天習得的。

說出這種大話的我，其實在青少年時期幾乎沒和人說過話，因為在國、高中和重考生階段，我都只專注在準備考試上。

當時，我跟爸媽說：「假如有朋友打電話來找我，就幫我回絕掉！」因為跟朋友聊天，時間五分鐘、十分鐘……很快就過去了，如果有那個時間，還不如拿來背英文單字。全力準備考試，斷絕所有交際，我的求學時期就是這樣度過的。

聽音樂會損失五分鐘，所以當時的我不聽任何音樂；一打開電視，不知不覺一、兩個小時就過去了，因此，我也盡可能不看電視。廣播更是連開關都沒碰過。

沒買過CD，不看電視，也不聽廣播，我就這樣度過了七年歲月。

我完全沒想過有一天竟然能成為一名電視主播！

沒錯，一直到大二那年的聖誕夜為止，我都還這麼覺得……

因新聞主播逸見政孝之死，立志成為主播

那是大二那年聖誕夜的事。

當時電視正播著新聞快報，突然，「新聞主播逸見政孝因癌症

病逝於東京都的醫院」這行字幕出現在跑馬燈上。

看到新聞的瞬間，我的眼淚奪眶而出。

「我一直以逸見先生為目標……為什麼這麼好的人就這樣死了呢？」

逸見主播參與過許多電視節目，是我當時的偶像。

據說，他高三時被女朋友甩了，為了上電視讓對方刮目相看，才決定成為電視主播。

逸見先生重考上了早稻田大學戲劇系，進入大學的傳播研究社之後，就每天埋頭練習體育賽事的實況轉播。

他克服了關西腔，用四年的時間，完美地學會了標準腔。

在播報員的世界裡，他還被稱為「啃掉整本發音辭典的男人」。

隨後，逸見先生實現心願，以播報員的身分進入富士電視台，成為晚間新聞的主播。

努力考上早稻田大學，努力矯正關西腔，才終於成為電視主播。我非常憧憬那樣的生存姿態。

當時，我為了不引人注目，連朋友也不交，默默地準備著入學考試。

努力是不會背叛你的。只有努力，才能開創人生的新局面！

我覺得逸見先生真是一位努力實踐理想的人。

可是，這樣的他卻這樣過世了。

我哭了一整晚，然後得到了以下結論：

「既然我尊敬的逸見先生是電視主播，那我也要！連不能字正腔圓說日語的逸見先生都能成為主播，我應該也能從不跟人說話的程度，變成一名電視主播吧！」

從不跟別人說話，到立志成為主播

「電視主播？別說傻話了！

「你啊，跟別人講過話嗎？沒有！

「你跟朋友聊過天嗎？沒有！

「你看過電視嗎？沒有！

「你聽過廣播嗎？沒有！

「你聽過體育比賽實況轉播嗎？沒有！

「你聽過音樂嗎？沒有！

「你這樣怎麼成為電視主播？」

最了解我的母親曾這樣對我說。

大學一年級時，我連和田現子都不認識，還因此被同球社的女生瞧不起。幾乎所有日本人都認識和田現子這位藝人，我竟然連她的名字都沒聽過！

既不知當時很受歡迎的日本樂團 TM NETWORK，也沒聽過名製作人小室哲哉。

沒有朋友，也完全沒興趣和人說話……這些事，我母親最清楚了。

因此，連最了解我的母親都認定我無法成為電視主播。

「電視主播都是本來個性就很開朗的人啦！」

「電視主播是需要與人交談的職業，當然要擅長溝通才能做啊！」

她的話實在是太有道理了，當時的我完全無法反駁。

但是，我已經決定了。

逸見先生過世後，我便立志成為電視主播。

無論門檻有多高，我都要試試看。

十二月二十六日，逸見先生去世的隔天，我就打電話到播報員的培訓學校，索取了入學簡章。

因為剛好一月十六日有新班開課，我就決定進入那所學校。

面試二十七間公司才被錄取，開始主播之路

上了培訓學校之後，我明白了一件事，那就是「自己真的不適合當電視主播」。

連只寫著「今天天氣晴朗」的稿子，我都念不好。

「今、今天的天氣晴擋……」不但講話結結巴巴，還口齒不清，發音糟到把「晴朗」講成「晴擋」的地步。

當時，我幾乎沒去大學上課，每天都躲在家裡，一個人對著稿子喃喃自語練習著。即使是自由發揮的部分，一開始也只會嗯嗯啊啊，完全講不出話來，後來才慢慢能說出一些話。

我也曾好幾次在神宮球場的擋球網內，一邊看著大學校際棒球賽，一邊大聲地說：「投手投出了第一球！」像這樣練習轉播。

從北海道到沖繩能考的電視台我都考了，但幾乎都在初試時就被刷掉。考到第二十七家電視台、正覺得自己大概沒希望了，我終於被錄取了。三百五十位考生中只錄取一位主播，而那個人就是我！

努力是不會背叛你的。只有努力，才能開創人生的新局面。

我終於能站在和逸見主播同樣的起跑線上了。

受歡迎的主播
都贏在「閒聊」

如果只看「念稿」這件事，一百個電視主播中，有一百個都能正確地念出稿子。

但是，同樣是念稿，人氣主播和無名主播的念法卻不同。

出現這種差異的原因，就在於「閒聊」的能力。

一個主播如果很會閒聊，就能夠引起觀眾的共鳴。

完全不閒聊，只是自顧自地念完稿子，就會因為完全沒得到觀眾的認同，而不能讓觀眾變成支持者。

事實上，電視主播並不能在電視台公開講述自己的意見，因為一開口說了，就會被認為是電視台的官方說法。

為了避免「主播的意見＝電視台的官方說法」，一般都禁止電視主播發表個人意見，但如果是閒聊，就沒關係了。

講些不痛不癢、和天氣有關的話題，就能引起觀眾的共鳴，變得更受歡迎，這就是電視主播的技巧。

對我來說，**這五年的主播生涯，每天都在訓練閒聊技巧。**

能閒聊一分鐘，就能受人喜愛

只要閒聊一分鐘，就能引起對方的共鳴。

如此一來，對方也會繼續傾聽你之後說的話。

但是，「今天天氣真好啊！對了，其實我要說的是……」這樣的談話，不能算是閒聊。

不是一句話就夠了，而是要說上一分鐘左右的時間，閒聊才能成立。

只講十秒鐘不能算是閒聊，只算是說了些社交辭令而已。

閒聊至少要一分鐘，才能與對方建立信賴關係。

在建立信賴之後對話，和未建立信賴就直接對話，給對方的印象完全不同。

閒聊至少要一分鐘，而且沒有上限。

閒聊兩小時也好，五小時也無所謂。

閒聊時間越多，越能縮短彼此的距離。

「話雖如此，一直在閒聊也很煩，好想趕快進入正題！」

就算和這樣的人閒聊，還是至少要講到一分鐘的時間。

如果聊不到一分鐘，雙方就只能在沒有信賴關係的基礎下繼續談話。

如此一來，即使能夠暢談主要話題，也會讓對方留下「好像就是沒辦法信任」的印象。

所以，這本書的首要目的就是讓你成為**「至少能閒聊一分鐘」的人**。

本書的目標在於讓你達到「能當上主播」的程度

正在閱讀本書的讀者，應該有很多人不擅長與人談話吧！但是，你們至少都跟別人說過話，成功的門檻絕對比過去的我還要低。

這本書就是要讓「不擅長說話、很容易聊不下去」的你，一口氣提升到「能當上電視主播」的程度！

本書並非要強迫你達到明石家秋刀魚或活躍於螢光幕前的專業主播那種登峰造極的地步，而是**以「接近能被錄用為主播」的程度為目標**。

「你好會講話喔！如果能去當電視主播或藝人就好了！」

能被周遭的人這樣稱讚，就是本書希望你達到的目標。

能言善道的人與拙於言辭的人到底有何不同呢？兩者的決定性差異就在於「是否擅長閒聊」。

如果有主題，只要一字一句把劇本朗誦出來，任何人都做得到。

但閒聊是沒有劇本的世界。

面對各式各樣的場合，只能發揮自己的智慧，用閒聊來決定勝負。

如果在閒聊階段，對方就覺得無趣了，自然不會想繼續聽你講真正的主題。

聊天內容有趣，對方就會想繼續聽你說下去。

所以，在進入正題之前，就已經分出勝負了。

掌握閒聊技巧，就能主宰人生

現代社會中，因不善言詞而苦惱的人正急速增加。

究其原因，其中一個跟現在是個「只要把事情傳達到就好」的時代有關。

二十年前，買東西時還會跟店員討價還價，進行「不能再便宜一點嗎？」之類的對話。

但現在只要上網搜尋，就知道哪裡可以買到最便宜的商品。按下訂購鈕，即使不跟店員交談，也能有效率地購物。

雖然知道說話時要如何傳達主題，進行「與主題毫不相干的對話」的能力卻在急遽退化。

如果不擅長聊天，會發生什麼事呢？

在工作上，你會被貼上無聊的標籤，也會被認為是沒有能力的人。

在戀愛方面，如果跟你聊天很無趣，你就會被認為是無聊的人，並從此過著不受歡迎的人生。

換句話說，**只要學會聊天，不但會被認為有工作能力，萬人迷的人生也等著你！**

許多人因為不擅長閒聊，不但無法工作，也因無法脫單所苦。

因此，現在是一個「**掌握閒聊技巧，就能主宰人生**」的時代。

這本書就是為了讓你增進閒聊技巧所撰寫。

只要會聊天，就能受人喜愛。

只要會聊天，就能維持良好的家庭關係。

只要會聊天，就能夫妻和睦。
只要會聊天，工作就能更順利。
只要會聊天，戀愛運就會變好。
只要會聊天，就能一舉改變人生！
有些事，只有過去從不跟人交談、卻能成為電視主播的我才能分享。
來吧！請你藉由這本書，向能言善道的自己踏出一步！
只要踏出第一步，三個月或一年後，你一定能脫胎換骨，迎接一個嶄新的自己！

石井貴士

目次

前言 2

CHAPTER 1
「閒聊」的定義 25

01 學會正確閒聊必須經歷的四個階段 26
02 閒聊就是進行「無關」「無意義」的對話 30
03 不以對方為話題，就能消除對方的緊張感 34
04 心理距離縮短後，才能進行「有意義的談話」 38
05 受歡迎的人都能掌握閒聊技巧 42

CHAPTER 2
閒聊就是要「不合常理」 51
01 閒聊就是「不合常理」的談話 52
02 在閒聊的世界，對錯並不重要 56
03 認真的人反而不擅長閒聊 62
04 選擇毫無關係的事作為話題 68
05 「1＋1＝柳葉魚」才是正解？ 72
06 無聊的不是你說的話，而是你本身 77

CHAPTER 3
「一分鐘閒聊術」的四大原則 87
01 對話最開始一分鐘的聊天術 88
02 閒聊基本原則①話題要與雙方都無關 94

03 閒聊基本原則②以沒意義的事作話題 99
04 閒聊基本原則③不從字面理解對方的話 105
05 閒聊基本原則④不作價值判斷 115

CHAPTER 4

向電視主播學習閒聊技巧 125

01 主播的工作就是「不被討厭」 126
02 以天氣為話題是為了引起共鳴 132
03 泰然說出「違心之論」反而討人喜歡 138
04 要能喜歡對方也喜歡的東西 142
05 持續引起共鳴，就能拉近距離 148
06 「說話的人」比說話內容更重要 157

CHAPTER 5
激發信賴感的「附和」技巧 161
01 不斷附和就能增加對方的信任感 162
02 表現誇張的人容易被信賴 168
03 戒掉「真的嗎？」改說「騙人的吧！」 175

CHAPTER 6
輕鬆獲得信任的「共感」技巧 179
01 發現三個共通點，就能成為「命中注定的人」 180
02 找不到共通點時，只要認同對方就可以了 184
03 說不出有趣的話，就期待對方吐槽吧！ 191
04 維持良好關係的訣竅——與對方目的一致 195

CHAPTER 7
商業溝通的「一分鐘閒聊術」 201
01 閒聊能成為商業往來的助力 202
02 不會聊天的人就想不出好點子 207
03 從親身體驗中尋找閒聊靈感 214
04 閒聊時，親身體驗勝於個人想法 217
附錄 讓閒聊力瞬間升級的十二個外掛程式 223
後記 245

CHAPTER 1

「閒聊」的定義

01 學會正確閒聊必須經歷的四個階段

「聊天這種事，不必特別意識到也能聊吧？因為是閒聊啊！」應該很多人認為閒聊都是在無意識下進行的吧！

然而，要精進一項技能，必須經歷以下四個階段：

①知道定義
②理解重要性
③有意識地進行
④能無意識地進行

最理想的狀況當然是能無意識地與人閒聊，但在達到這個階段之前，必須先知道「閒聊到底是什麼」。

接下來，你才能打從內心認識到閒聊的重要，並覺得應該要學會它。進入「理解重要性」的階段之後，才能「有意識地閒聊」。

在達到能夠無意識地閒聊的狀態後，就能變成「閒聊大師」了！

想變健談，就要先知道「閒聊」的定義

「閒聊是什麼？能不能說出它的定義？」

假如有人這樣問，你有辦法馬上回答出來嗎？

恐怕沒有人可以吧！

因為大家都沒有經過「知道定義」這個階段。

如果沒有確立「閒聊＝〇〇」的目標，就無法有所進展。

就像「你到底想去北海道，還是沖繩？」不知道目的地的話，就不知道自己該搭哪一班飛機了。

所以，徹底理解「什麼是閒聊」這件事很重要。

知道「什麼是閒聊」，才能往健談的目標邁出第一步。

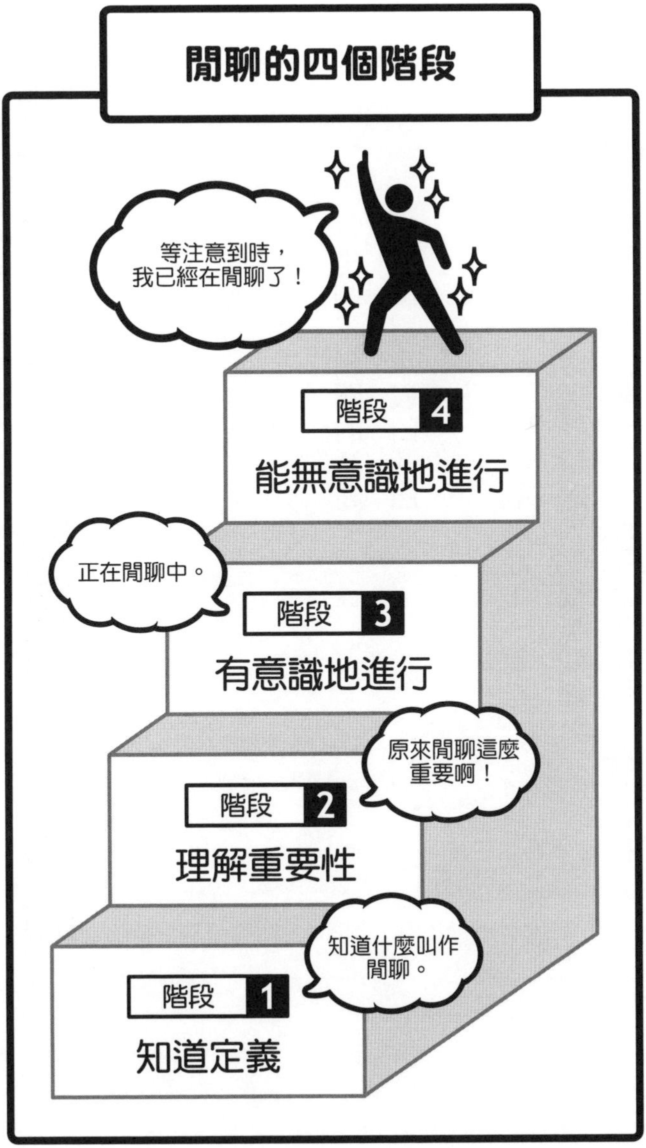
閒聊的四個階段
等注意到時，
我已經在閒聊了！
階段 4
能無意識地進行
正在閒聊中。
階段 3
有意識地進行
原來閒聊這麼
重要啊！
階段 2
理解重要性
知道什麼叫作
閒聊。
階段 1
知道定義

02 閒聊就是進行「無關」「無意義」的對話

閒聊的定義就是：

①聊不相關的話題
②聊沒意義的話題

例如：「今天天氣真好！」就是一種閒聊。
其實，天氣好壞跟人生毫無關係。
當然，對賣傘的人而言，天氣和傘的銷售有關。

不過，對大部分的人來說，這種話題不但跟人生無關，也沒有特別的意義。

那麼，就藉由這種沒意義的談話，來開啟彼此的溝通吧！

談論跟對方有關的話題，並不算「閒聊」

「你今天要去哪裡？」聊這種和私生活有關的話題，不能算是閒聊。

對方應該不希望你打聽這種事吧！

如果問了這種問題，甚至會被對方討厭。

許多人不擅長閒聊的理由就是：

①試圖要聊和對方有關的話題

②試圖要進行有意義的談話

假如無法理解「閒聊本來就是在聊無關且無意義的東西」，你永遠不能成為健談的人。

不討論與對方有關、有意義的事，而是以與對方完全無關且毫無意義的事作為話題，這才叫閒聊。

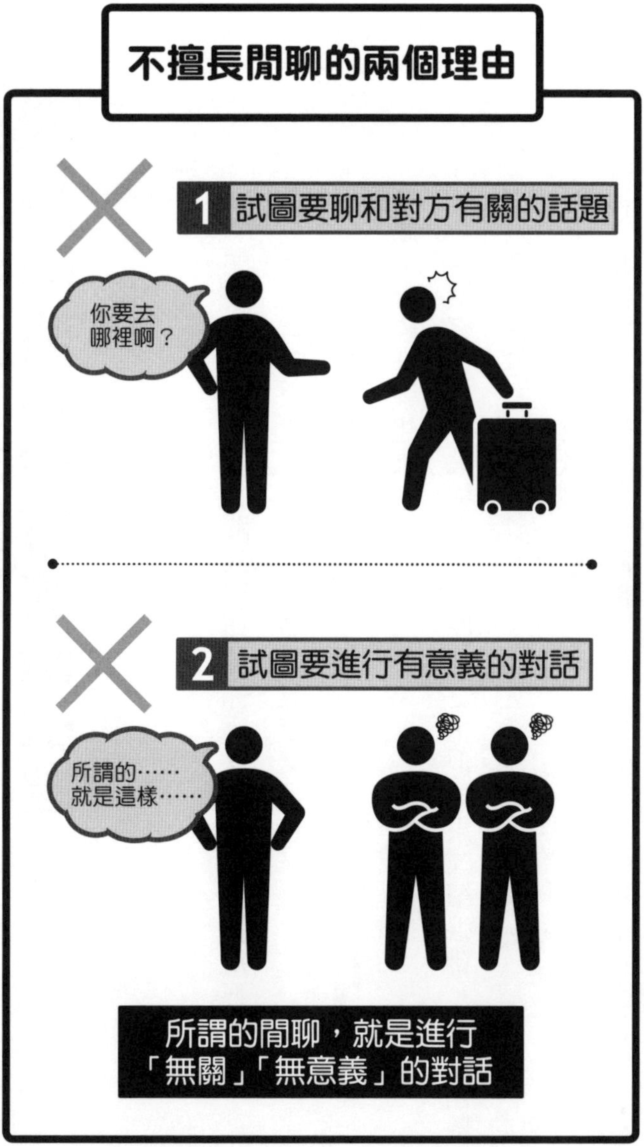
不擅長閒聊的兩個理由
1 試圖要聊和對方有關的話題
你要去哪裡啊？
2 試圖要進行有意義的對話
所謂的……就是這樣……
所謂的閒聊，就是進行「無關」「無意義」的對話

03 不以對方為話題，就能消除對方的緊張感

如果討論與自己有關的話題，你應該也會心生警戒吧！

一旦有所警戒，就會讓周遭的氣氛緊張起來。

例如：有人問你「英文考幾分」，因為是和自己相關的話題，你馬上就會緊張起來。

成績好，就會被稱讚「很厲害」，但如果成績很糟，也會怕對方覺得你很遜吧？

任何人都不喜歡被評價。

如果考了八十分就被稱讚「腦筋很好」；如果考了七十九分，

就被說是沒用的傢伙……像這樣的事會讓人心裡很不舒服。

以和對方有關的事作為話題，就可能會牽涉到對他個人的評價。因此，談「英文考試成績」這種和對方有關的話題，不能算是閒聊。

如果是「之前的英文考試好難喔！」就可以算是閒聊了。「英文考試的難易度」與對方無關，而是和考試本身有關的話題，所以能當作閒聊的題材。

閒聊的前提是「必須與對方無關」

持續聊「與對方無關的話題」，就是所謂的閒聊。

不深入打聽對方的事，聊一些與對方完全無關的話題，才能越聊越開心。

天氣之所以能當成閒聊題材，是因為和對方完全無關的緣故。

因此，**想要聊天聊個不停，就聊和對方無關的話題吧！**

聊和對方無關的話題，才不會被討厭

「你要去哪裡啊？」這種話題涉及對方的隱私。

聽到這種問題，對方會覺得你在打聽他的私事。

你可能會覺得「只是想問問他去哪裡」，但只有你自己感興趣而已。

詢問對方職棒支持哪一隊，也是你自己覺得有意思而已。

如果是巨人隊的粉絲就不行，但阪神隊的就可以。像這樣，因為心裡已有定見，這類問題會促使你評價對方。

如果是同一隊的支持者，就會讓對話變得熱絡，但如果不同隊，就可能被對方討厭了。

閒聊是為了縮短與對方的距離。

如果聊和對方切身相關的話題，只會讓彼此更加疏離。

越是聊與對方無關的話題，越能縮短彼此的距離。

「你幾歲？」這種話題攸關個人資料，不能當作閒聊話題。

「不知道那個人幾歲了？」是討論第三者的年齡，所以能作為話題。

如何用無關的話題構成對話，就是你能否與人聊個不停的重要關鍵！

04 心理距離縮短後，才能進行「有意義的談話」

很多人聊天時都想進行有意義的對話。

你或許會覺得一般人應該會比較喜歡有意義的內容，但所謂「有意義的談話」，其實隱含著「你那樣做不對，這樣做才會成功」的意思。

如果像這樣聊了「有意義的事」，勢必會讓對方覺得刺耳，反而與「以閒聊縮短彼此距離」這個目的背道而馳。

不過，如果彼此已經很親近了，想要分享建議的話就沒關係。

然而，**在彼此還有些陌生的狀態下，就表現出「我跟你說了很有用的消息，所以感謝我吧！」這種態度，只會讓人討厭而已。**

我還在當主播時，有位幾乎不曾說過話的員工在與我擦身而過時，告訴我說：「石井，你做錯了，要這樣做才行！」

那人應該覺得自己給了我不錯的建議吧！但對被建議的一方來說，這真的很讓人不愉快，會覺得「你哪位啊？我認識你嗎？」

在雙方還不熟的狀態下，如果對方突然用教訓的語氣給你建議，你一定會很討厭他吧！

「不，即使是這種人的建議，也要心懷感激地接受，這樣應該比較好吧？」雖然這種想法很正面，但即使做了正確的事，也不一定能讓對方喜歡呀！

擅長閒聊的人，不是做正確的事而被討厭的人，而是即使做了錯事仍能受人喜愛的人。

閒聊時，比起「滿嘴正義」，更應讓對方認同自己

有些人很喜歡和人討論是非善惡，這種人很容易被討厭。

只有閒聊時能引起共鳴的人，才是勝利者。

能相處愉快、讓對方覺得「假如是這個人說的話，就會想一直聽下去」，才能引起共鳴。透過這樣的共鳴，才能讓彼此貼近。

反過來說，如果長時間讓對方感到無聊，就會使對方產生「不想再跟這個人相處，不想再聽這個人說話」的感覺，而使彼此的心情完全無法交流，兩人的距離也只會越來越遠。

有一則藝人吸毒被逮的新聞曾經造成很大的轟動。

吸毒這種事就是非對錯而言，必定是歸類在負面的一方。然而，在多數評論家都說「為什麼要接觸毒品？毒品就是不能碰的東西」時，只有作家室井佑月發表了以下精彩的評論：

「但是，女人對這種有弱點的男人最沒抵抗力了……」

這句話真是神來之筆。完全沒有評論毒品的好壞，也沒指責遭到逮捕的藝人。

「對啊！女人最容易被這種軟弱的男人吸引了！」

這樣的評論成功引起了女性的共鳴。

能夠笑著討論「有貓熊出生了」這種愉快的話題，卻愁眉苦臉地談論「貪污事件」這種負面話題的人，只是二流的評論家。

能發表完全沒有意義也沒任何關係的言論、卻可引起聽眾共鳴的人，才是真正一流的評論家！

05 受歡迎的人都能掌握閒聊技巧

不隨便打聽對方的消息、而能熱絡地與人閒聊的人，都很有人緣。

「您貴庚？」

「您住哪裡啊？」

「您在哪間公司上班呢？」

提出這樣的問題都不能算是閒聊。

「為什麼不算？因為我對人家有興趣，才會問這些事啊！」雖然有人這麼想，但如果只是出於個人興趣而進行對話，只會被對方討厭而已。

因此，**能藉由閒聊拉近彼此的距離，就會被對方認為是不錯的人。**

不受歡迎的男性在夜店最常問女性的兩大問題，就是「妳幾歲」和「妳住哪裡」。問了這兩個問題就會被討厭，所以絕對不能提！

「你是哪裡人？」「你哪一所大學畢業的？」「你大學主修什麼？」完全不問這類問題而能讓對話熱絡起來，是很重要的。**談話時只要有九成以上是在閒聊，就能讓對方對你產生好感。**

一般人如果遇到與自身相關的話題，通常就會有「被攻擊」或「被評斷」的感覺。

所以，在相親場合，突然詢問「你年收入多少？」「你是長男嗎？」這類話題的女性也很讓人討厭。

「但是，年收入二百萬元以下的人不能當成結婚對象，跟他說話就沒有意義了啊！而且我討厭跟父母同住，所以和長男談話也是白搭！」

我能夠理解說這種話的心情。可是，如果不從閒聊開始，就很難拉近彼此的距離。

否則，就算真的有年收入二百萬元以上、又非長男的人，當他聽到這樣的問話，恐怕也會心生厭惡的。

跟搭訕大師學習閒聊

有位搭訕大師叫作島村先生，他有一項技能，就是只要在街上向女性問路，就能和她們成為朋友。

「島村」當然不是他的本名，之所以會被叫作「島村」，這是因為他的衣服都是在日本連鎖店島村購物中心購買的緣故。

島村先生是閒聊搭訕的大師，他可以**從說些毫無意義的話開始，再發展成五至十分鐘的對話**，然後不知不覺就能跟女性相處得很融洽。

到底是多沒意義的對話呢？

呵！真的都是一些沒有意義又沒完沒了的內容啊！

「不好意思，請問新宿站在哪裡啊？」

「喔！在那裡。」

「啊！不好意思，我沒聽清楚……哪邊啊？」

「唉唷！是那邊啦！」

「欸！不是這邊，是那邊啊？」

「對，沒錯。」

「啊！不好意思，我沒聽清楚，妳說在哪邊啊？」

像這樣的對話就持續了五分鐘以上。

持續五分鐘毫無意義的對話、當彼此都煩不勝煩時，他就會突然提出邀約，「我其實不趕時間，但是有點累了，要不要一起去那邊喝個茶、聊個天啊？」

透過毫無意義的對話留住對方，等纏到對方筋疲力盡時，再邀對方去喝茶。這樣的搭訕手法就是他創造出來的。

即使是毫無意義的對話，也能拉近彼此的距離

島村先生曾經好幾次讓我就近觀察他向女性搭話，那對話真的

是沒內容到驚人！

問了路之後，明明對方已經很清楚地回答了，他還是說「啊！不好意思，我恍神了，沒聽清楚」之類的話，藉此延長與對方的談話時間。

對話內容真的完全沒有營養。

不讓對話被引導到結論，靠著毫無關係的事，就這樣永無止境地說下去。

藉由這樣做，讓女性打從心裡產生「不知不覺跟這個男人講了好久的話，我說不定和他很合得來」的錯覺。

當然，如果是花這麼長的時間和男性講這種沒意義的話，是會被討厭的，反而會變成「不要拖拖拉拉地說那麼多廢話，簡單說結論就好」的狀況。

但是，島村先生**只靠這些毫無意義的對話，就成功地拉近了與對方的距離**。

在以下兩個選項裡，他毫不猶豫地選擇了②：

①提供有用的資訊，但彼此還是很疏遠。

②說一些完全沒意義的話，卻拉近彼此的距離。

反觀大部分的人，都想在對話中挑選有意義且和對方有關的話題，正因如此，才一直沒辦法讓彼此變得親近。

能藉由無意義且與對方無關的對話來縮短彼此的距離，才叫作閒聊。

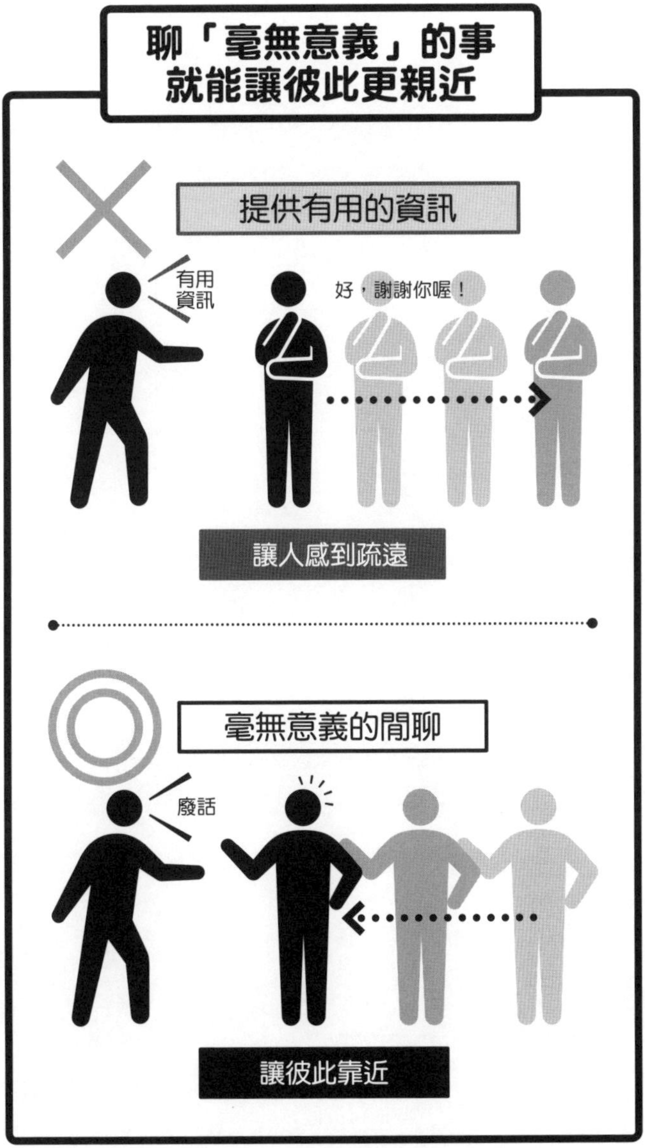
聊「毫無意義」的事
就能讓彼此更親近
提供有用的資訊
有用
資訊
好，謝謝你喔！
讓人感到疏遠
毫無意義的閒聊
廢話
讓彼此靠近

CHAPTER
2

閒聊就是要「不合常理」

01 閒聊就是「不合常理」的談話

「一定要講有意義的話才行，說沒意義的話只是在浪費時間而已！」

我想，被這種觀念束縛的人應該不少吧！

在這個世界上，有「合理的世界」和「不合理的世界」之分。

如果不明白這點，就無法脫離「必須合乎常理」的束縛。

究竟什麼是「合理的世界」呢？

合理的世界就是「1＋1＝2」的世界，是一個合乎邏輯的世界。

所謂的合理，就是像無論對幼稚園兒童、愛因斯坦還是你來說，1＋1永遠等於2。

不合理的世界就是藝術的世界。

如果繪畫主題是向日葵，梵谷畫的向日葵價值三千萬元，而你畫的向日葵價值卻是零。

- 合理的世界：任何人都會導出相同的答案。
- 不合理的世界：根據人的不同，答案也會隨之改變。

閒聊的內容不須合乎常理

談話內容也有合理和不合理的區分。

合理世界裡的談話就像是提案發表之類的演說，重點是「如何在短時間內說出有意義的內容」。

從另一方面來看，在不合理世界裡說的話，就是所謂的閒聊。說一些沒有意義也毫無關係的內容，目的就是要讓對方喜歡你。

這本書就是為了讓你更善於閒聊的書。

要怎樣才能說出毫無意義的話？要怎樣才能說出毫無關係的話呢？這就是本書追求的目標。

許多人認為閒聊也屬於合理的世界，然而，經常會出現「明明已經好好傳達重要的事了，卻沒辦法讓彼此更親近」這樣的抱怨。

理解閒聊屬於不合理的世界，才能發自內心相信「藉由八竿子打不著的談話，就能與人更融洽地相處」。

「合理世界」的談話和「不合理世界」的談話

合理世界的談話

提案發表等，在短時間內
分享有意義的內容。

不合理世界的談話

講些沒意義也毫無關係的話，
以博得對方的好感。

**認為閒聊屬於合理的世界，
就會招致失敗**

02 在閒聊的世界，對錯並不重要

如果分析考試分數，八十分一定比五十分好。在一般常理的世界裡，九十分一定比八十分好，一百分一定比九十分好，因此，合理的世界有優劣之分。

在不合理的世界卻是無分優劣的。

假如問說：「梵谷的畫和夏卡爾的畫，哪個畫得比較好？」由於每個人的喜好不同，答案也會不同。

戀愛也屬於不合理的世界。

如果以東京大學畢業生和高中畢業的人來比較，東大畢業生不一定就比較受歡迎。

同理，年收入三千萬元的人和六十萬元的人相比，年收入三千萬元的人也不一定會比較受歡迎。

就算問大家「A小姐和B小姐哪個比較漂亮？」也會因為各人的審美觀不同，而有不同答案。

閒聊的世界不分優劣。不到五分鐘的閒聊和一小時之久的閒聊，雖然存在時間長短的差異，其結果卻沒有優劣之分。

雖然閒聊也有愉快或無趣之分，**但這和優劣沒有關係**。

就算聊天內容很無趣，只要能以此為契機，發展成愉快的談話就行了。

假設有以下兩種狀況：

①一開始聊得很開心，後來卻變得很無趣。

②雖然一開始很無趣，後來卻聊得很愉快。

應該有很多人會覺得①不行，但②卻不錯吧？

然而，如果能以①最後無趣的話題為契機，還是有可能再發展成開心的談話。

這樣一想，無論何時，都難以判斷閒聊的好壞。

不合理的世界裡
沒有對錯

「1＋1＝2」是正確的。

假如寫成「1＋1＝5」的話，就會被打叉。

不合理的世界
沒有優劣之分
合理的世界
100 分的人
獲勝！
贏了！
我輸了……
考試
100分
考試
80分
存在優劣之分
不合理的世界
誰畫得
比較好？
不存在優劣的差異

合理的世界就是這樣。

那麼，如果寫成「1＋1＝海鷗」會怎麼樣呢？

這當然是錯的。

但假如有人覺得「竟然寫成海鷗，也太可愛了吧！」就有可能因此受到歡迎。

國中的運動會有百公尺短跑這個項目，要是有人能以十一秒跑完一百公尺，就會被稱讚「好厲害！」

不過，假如比賽時突然出現匍匐前進的人，會怎麼樣呢？

在該跑步的地方卻不跑，很明顯就是搞不清楚狀況吧！

老師也會生氣，覺得：別鬧了！到底在搞什麼鬼啊？

「當初有個傢伙在短跑競賽時匍匐前進，對吧？」

二十年後召開同學會時，那個人反而被大家牢牢記得。

至於那位「以十一秒跑完一百公尺」的同學，不但被忘記了，也不會在二十年後的同學會中成為話題。

十一秒與十二秒跑完一百公尺的人要是在合理的世界裡一較高下，一定是十一秒跑完的人勝利。

「十一秒跑完的人和匍匐前進的人，到底誰才是正確的呢？」如果是這種問題，從二十年後來看，答案反倒是後者吧！

閒聊正屬於這種不合理的世界。

就算說了正確的話，也不會有人記得你。

若知道「1＋1＝海鷗」比較討喜而決定這樣做，就能將閒聊發揮到極致！

03 認真的人反而不擅長閒聊

「害怕閒聊的人」很多都是認真的人，只要是認真、學校成績又好的人，常會意識到自己不擅長閒聊。

因為這種人太受合理的成功法則影響，才會難以接受不合理的世界。

在合理的世界裡，必須說有意義的話、講有關係的事物，才是正確的。

但**在不合理的世界中，就是要說毫無意義也毫無關係的話。**這和前者是完全相反的思考模式。

聊天時，經常會不小心就想和對方聊一些有意義的內容。

因為大家難得碰面，好像不說些有意義的話，會感覺浪費了時間。

可是，**閒聊目的在於「拉近和對方的距離」**。

一分鐘閒聊能縮短彼此的距離，那閒聊一小時就更能讓彼此感覺親近。

談戀愛時，縮短彼此的距離也很重要。

「這個人的價值觀跟我的不一樣，簡直是另一個世界的人！」如果對方這麼想，無論你再怎麼聰明，也無法和對方發展成情侶。

如果知道彼此是同鄉，曾就讀同一間國小、同一間國中，雙方就會立刻感覺親近不少。

「你喜歡追星，但對方不喜歡」「你愛看電視，但對方完全不看」……一旦知道這些事實，肯定會產生距離感。

溝通的目的是想和對方處得更好。

在初始階段讓雙方的感情變好，閒聊就是為此而生的工具。

所以，才應該用毫無意義的話題來拉近彼此的距離。

不以是非題作為閒聊話題

閒聊不屬於合理的世界，而是屬於不合理的世界。

你贊成還是反對？

YES還是NO？

提出這樣的問句，對方勢必要選邊站。

但閒聊是為了引發對方的共鳴，讓對方有「我也是！」的感覺。一旦你選擇了「YES」，而對方選擇「NO」，雙方的意見不一樣，就沒辦法變得親近。

「你贊不贊成核能發電呢？」像這種話題，如果對方贊成、你卻反對的話，對話不但會直接結束，也沒辦法認同彼此了。

為了清楚區分立場所進行的對話是「辯論」，如果是「辯論」，和對方就會產生距離。

可是，你的目標不是要強加自我主張給對方而被討厭，**獲得對方的好感才是最主要的目的**。正因如此，才需要閒聊。

爭論了兩個小時，即使你辯贏了，對方也不會因此喜歡你。

但閒聊一分鐘之後，即使被對方覺得「好無聊啊！這對話還真是沒什麼內容」，卻能因此博得對方的好感，那你就贏了。

要是一個話題能讓支持不同黨派的人都說出「這麼說也對」，就可以了。

雖然有人會覺得「有可能嗎？」但假如是「新宿站在哪邊啊？」這種話題，無論是哪個政黨的支持者，答案一定都一樣。

不干涉彼此的信念才能叫作閒聊。

只談對方百分之百會回答「YES」的話題

有時，即使是你覺得百分之百會回答「YES」的話題，也會有一成的人認為「並非如此」。

「要變有錢，只能靠中樂透。」雖然你心裡這麼想，還是有一成以上的人不這麼認為。

有人覺得要創業才能賺錢，也有人覺得要靠投資股票才行。

也就是說，「要變有錢，只能靠中樂透」這個話題，只要有人回答「NO」，就不可以是閒聊的話題。

「某藝人好帥喔！」這種話題也不能用於閒聊。因為只要有人覺得那個藝人帥，就會有人不覺得。

「木村拓哉真的很帥耶！」就算你以為大家都這麼想，一定也會有人覺得「哪有？當然是我比較帥啊！那傢伙算什麼！」

雖然想要引起對方共鳴，但無法達成的可能性卻大於百分之一。

相較之下，在萬里無雲的晴朗日子裡，跟對方說「今天天氣很棒吧？」因為對方百分之百會回答「對啊！」就能讓對方有認同感。

光是和對方意見不同，就會讓彼此產生距離感。

所以，**閒聊時說些能讓彼此意見相同的話題很重要。**

04 選擇毫無關係的事作為話題

假如你是A，對方是B，許多人會選擇兩者的中點M作為共同話題。若能因此找到彼此的共通點，的確可以聊得很開心，但如果找不到，就很容易讓場子冷掉。

所以，首先應該要選擇三角形的C點，也就是**對彼此來說都毫無關係的話題**。

如此一來，彼此都會因為感受到「自己的領域不受侵犯」，而能夠安心地繼續談話。

等距離拉近後，再開啟共通話題

A小姐和B小姐都有一個小孩念國中，在這種狀況下，孩子的話題是她們之間的共通點，也就是所謂的中點M。

然而，當孩子發現媽媽們竟然把自己當成話題，難免也會猜測她們是不是說了壞話。

因為一群媽媽聊天有時也會發展成「學校的老師很爛」「班上某同學好像會欺負別人」之類、七嘴八舌講人家壞話的狀況，所以，避開共同的話題（小孩），以完全不相干的事作為話題才是上策。

「那間超市裡的香蕉現在好像很便宜喔！」這樣的話題和雙方的人生都毫無關係，也就不會引起糾紛。

當然，這或多或少會牽涉到如何節省支出等枝節，但既不會發展成影響人生的重大事件，也不會侵犯到彼此的隱私。

許多人努力地想透過閒聊來找到彼此的共通點，但找不到時，反而會讓氣氛冷掉。

因此，**閒聊最初應該從毫不相干的C點開始，等彼此熟悉之後，再進入與雙方有關的話題M。**

閒聊時，
選擇毫不相干的話題 C
一開始先從和彼此
都毫無關係的話題
開始！
C
A
M
B
熟悉之後，再開
始與 A、B 相關
的中間話題！

05 「1＋1＝柳葉魚」才是正解？

合理世界裡的勝利者都有成為無趣之人的傾向。

在合理的世界中，東京大學是日本第一的大學，因此，從東大畢業的人全都能成為億萬富翁、受歡迎，這一點也不奇怪。

事實上，並沒有這回事。

在合理的世界裡如果繼續追根究柢，就會碰到「常理之牆」。

你會認為，人不能犯錯，正確解答就只有一個。

「1＋1＝2一定要是正解才行！」

如果深信這一點，你就真的成為無趣之人了。

假如考試時寫「1＋1＝柳葉魚」的話，肯定會被打叉。但在不合理的世界，柳葉魚比2這個答案有趣多了，所以算是正確解答的一種。

合理的世界雖然正確，但因為太理所當然了，一點都不有趣！閒聊的世界就是不合理的世界，所以閒聊時不要過於認真，這點很重要。

所謂的認真，是國高中裡推崇的價值觀。學校老師身為合理世界的指導者，往往會告訴你「要認真念書」，因為這樣才能走最短的距離、取得最高的分數。

可是，**在不合理的世界裡，「快樂」比「認真」重要**。因為能夠樂在其中、抓到訣竅，才能更快地融會貫通。

念書也是，如果有餘力享受學習的樂趣，之後再來解題，成績才會提升。

與其花時間研讀大學入學考試不會出的難題，去背誦考試會出題的《航海圖式數學》（譯注：日本數研出版社出版的國高中數學參考書），還比較容易及格。

因此，在不合理的世界中，如果能享受其中的樂趣，就能找到專屬於你的正確解答。

而閒聊的世界就是不合理的世界，所以，閒聊時不要過於認真是很重要的一件事。

能顛覆眾人期待，就善於閒聊

男性之中，有人相信「女生應該就是喜歡認真的人」。但真實情況是，認真的男人因為無趣，根本就不受歡迎。

如果有一對男女進行著以下對話：

女人：「下次一起去看電影吧！」

男人：「好啊！電影票平時是六百元，周三有女性購票優惠，只要三百五十元，我們就周三去吧！」

選在有女性購票優惠時去看電影，就常理判斷，的確可以省下二百五十元，但就女性的角度來看，只會覺得那個男人很無聊而已。

女人：「下次一起去看電影吧！」

男人：「既然這樣，擇日不如撞日，我們現在就去吧！說不定還趕得上午夜場喔！」

這樣回答的男性因為顛覆了一般大眾的預想，所以會很受歡迎。

在合理的世界裡，如同1的下一個數字是2，2的下一個數字是3一樣，有些男性也會「見面之後去吃飯，去了酒吧後就上旅館」這樣安排，但這種行程完全符合一般大眾的預想，所以這種男性不會受歡迎。

去了酒吧後、準備去旅館時被拒絕，這種男性還會抱怨：「怎麼回事？好奇怪喔！明明有好好照流程來啊！到底出了什麼問題呢？」

若是受歡迎的男性，可能會完全不管先後順序，突然說：「我現在人就在旅館，過來吧！」

許多女性都已經厭倦按照一般流程來的男性了，因此，能出乎意料的人就會受到歡迎。

能打破常規，便是善於閒聊的祕訣。

06 無聊的不是你說的話，而是你本身

「我講話怎麼會這麼無趣呢？要怎樣才能變得有趣？」應該不少人有這樣的煩惱吧！

事實上，**無聊的不是你說的話，而是你本身。光能注意到這點，你就往閒聊大師之路又邁進一大步了。**

請問，如果有以下兩種人，你會想聽誰說話呢？

①「我很不會講話，因為我是被狼養大的。」這種拙於言辭的人。

②「我是大學畢業，現在是上班族。」這種說話很穩當的人。

你當然會選擇①吧！

所以，大多數人在意的並不是「話術是否高超」，而是「**說話的人是否有趣**」。

明石家秋刀魚說話當然很風趣，但他在常人之中本來就算是有趣的人。

就算把電視的聲音調成靜音，他還是一樣有趣。

如果你的人生過得很乏味，只為了考證照在過日子，根本就不會有人想聽你講話。

因為除了你以外，還有很多人都在考證照，而且「考到證照」的人也多如牛毛。

在這種情況下，你只是許多人之中的一個而已。

「我原本打算游到北韓去，結果途中就被抓到了。」像這樣的話題，即使說得結結巴巴，你應該還是會很有興趣。

為了讓閒聊變有趣，必須擁有與眾不同的一面才行。

「下班之後，我在準備證照考試。」

「雖然我平時是上班族，但我在週末是個占卜師。」

相較之下，我想你會比較想聽後者所說的話。

比起無趣的正解，不如說點有趣的小謊

有人從小就被教導不能說謊，思考也因此變得僵化。

當然，在重要的事情上說謊或欺騙對方是不對的。

但如果是閒聊，能說些無傷大雅又有趣的小謊，反而能讓對話更加熱烈。

「您的職業是什麼呢？」

如果初次見面的人這樣詢問，你會怎麼回答呢？

「我是系統工程師。」

「我是程式設計師。」

「我在公司上班。」

如果就這樣老實回答，只會被認為是很無聊的人而已。

即使是事實，只要說了無趣的話，對話也會變得乏味！

「您的職業是什麼呢？」

①我是上班族。

②我的工作是在蓮藕上挖洞。

如果有這樣的兩個人，一定是和②聊天比較開心。

「沒事為什麼要在蓮藕上挖洞啊？」任何人聽了②的說法，都會想這樣吐槽吧！

而且，這個答案根本百分之百就是騙人的。

如果你深信「說謊是不好的行為」，就沒辦法讓場面熱鬧起來了。

要是這種顯而易見的胡說八道能夠逗樂對方，就能拉近彼此的距離。

比起追求高超的話術，更應讓自己變有趣

「您的職業是什麼呢？」

①我是系統工程師。

②我是神奇寶貝大師。

若要二選一的話，雖然就事實來說，①是正確的，但如果是閒聊，還是②比較有趣。

最吸引人的閒聊話題就是「如何脫離處男？」

畢業十年、二十年之後，你還記得的一定不是老師上課的內容，會記得的應該只有老師閒聊的內容而已。

直到現在，我都還記得國中健康教育老師教過我們「如何脫離處男」。那是趁女生不在時，特別只對男生透露的「珍藏話題」。

當時在健教課上，突然有個學生大聲問老師：「老師是怎麼脫離處男的呢？請告訴我吧！」

於是，老師和我們**說了和健教課「完全無關（但學生很有興趣）的話」，也因此引起共鳴，並博得了我們的好感。**

「想知道的話，我就告訴你們吧！

「你們絕對不能跟女孩子說『跟我上床！』因為她們很難開口說好。

「也不能跟她們說：『我們去開房間吧！』因為這樣很容易被拒絕。

「到底要怎樣才能脫離處男之身呢？有人想知道嗎？」

當然，班上所有的男生都舉起了手。

「那我就告訴你們吧！豎起耳朵好好聽清楚喔！

「你們應該跟她們說『來創造新的回憶吧！』因為女孩子最喜歡創造新回憶了。她們老是在拍照，這也是因為她們想好好留下這些回憶的緣故。

「因此，如果你們邀請她們一起創造新的回憶，說不定就能擺脫處男之身。

我就是靠這個方法，在高二時告別處男生涯的。」

「原來如此！」我們全都受到了巨大的衝擊。

關於健教課，我記得的就只有這件和原本課程完全無關的事而已。即使是二十幾年後的今天，這番話仍然鮮明地留存在我心裡。

CHAPTER
3

「一分鐘閒聊術」的四大原則

01 對話最開始一分鐘的聊天術

「一分鐘閒聊術」是在對話最開始的一分鐘、以拉近彼此距離為目的所採用的閒聊策略。

所謂的閒聊「一分鐘（以上）」，是指如果閒聊能維持一分鐘以上，在這之後，無論何時都可進入正題了。

但別說閒聊一分鐘，可能只單純說了社交辭令就結束了。

假使這一分鐘都聊得很開心的話，之後的對話無論持續多久都沒關係，而且想進入正題時，只要在自己喜歡的時機點開始就可以了。

本書的目標就是**讓你擁有「至少能閒聊一分鐘的能力」**。

我想，應該有人會覺得「聊一分鐘很容易」吧！

但是，認為閒聊一分鐘很簡單的人，無法了解主播要經過多少訓練，才能維持這一分鐘的談話。

電視主播會為了開場那一分鐘該談論的話題而煩惱一整周，在開播前一小時，還會將這一分鐘該說的內容一字一句寫在紙上，認真確實地準備著。

要一般人逐字在紙上寫下當天的聊天內容，並思考「這樣聊天到底好不好？」應該幾乎所有人都會搖頭吧！

以閒聊一決勝負的電視主播才會覺得閒聊很困難。多數人都認為閒聊輕而易舉，一點都不放在眼裡。

然而，高層次的閒聊是反覆思量後的結果。

「這十秒鐘不能算是閒聊，根本就講到正題了。」

「以閒聊來說，這樣到底有沒有完全消除自己的立場呢？」

電視主播就是像這樣經過審慎考量才發言的。

你也一樣，不應該覺得「不過就是聊天而已」。

有「掌握閒聊技巧，就能主宰人生」的氣勢，並持續研究這門技術，是非常重要的。

接著，我要針對「閒聊的四大基本原則」進行說明。只要你不隨意偏離，好好地依循這些原則，就會理解人們需要多高超的技巧才能夠閒聊了。

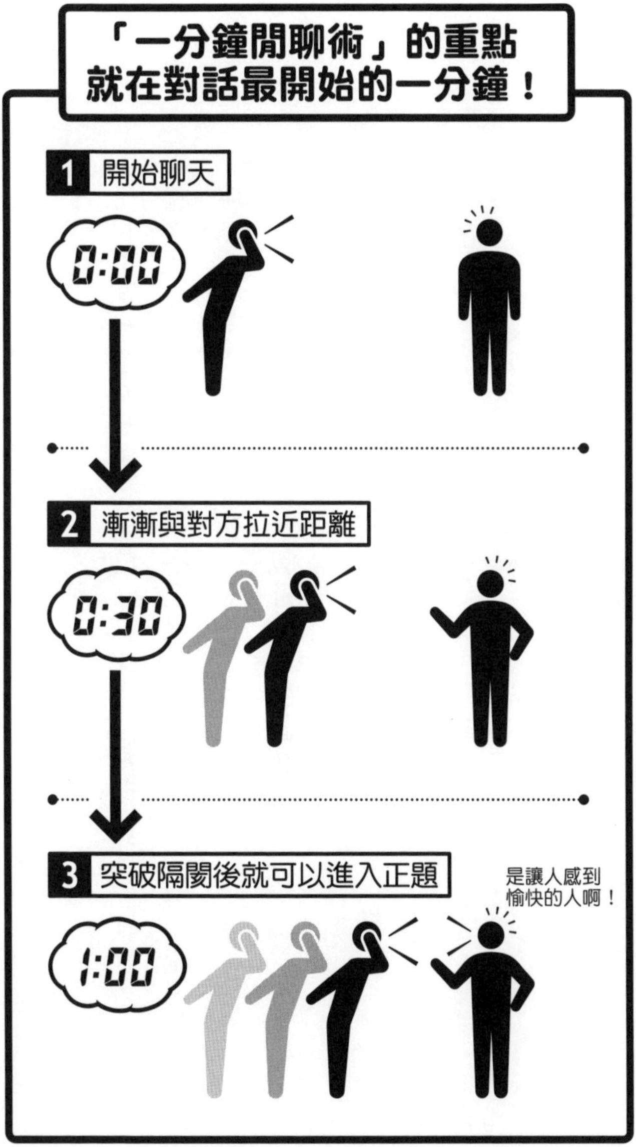
「一分鐘閒聊術」的重點
就在對話最開始的一分鐘！
1 開始聊天
0:00
2 漸漸與對方拉近距離
0:30
3 突破隔閡後就可以進入正題
是讓人感到
愉快的人啊！
1:00

讓你聊不停的「四大原則」

閒聊也是有規則可循的，如果不是按照這些原則進行的對話，就不能算是閒聊，而且那不但只是普通的談話，還可能因此變得無趣。

所以，我要和大家分享閒聊的四個原則。

閒聊應滿足以下四個原則：

①話題要與雙方都無關

②以沒意義的事作話題

③不從字面理解對方的話

④不作價值判斷

反過來說，如果你講了和自己有關係、有意義，或者是有用的事，就不能算是閒聊，只能算是普通談話而已。

不是為了達成特定目標，而是**為了讓對話不斷發展下去，才叫閒聊**。

不是像打球一樣、跟對方好好一來一往地拋接對話，而要以「比賽就算因此中止也沒關係」的氣勢投球，聊天的氣氛才會更加熱烈。

比起過去或未來，只以現在的事構成閒聊內容，並進一步混入些許的虛構部分，這才是閒聊真正的祕訣。

02 閒聊基本原則①話題要與雙方都無關

閒聊的話題必須「與自己無關」，也必須「與對方無關」。

如果是和彼此相關的事，就會帶有某些意義，而閒聊是不能談到正題的。說離題的事，才能叫作閒聊。

國文課時，老師講了和國文完全無關的事，這就叫閒聊。

我以前在補習班時，聽過國文老師說了以下的話：

「不知道為什麼，每年都會有一些人要求成為我的情婦。你們真的以為像我這種補習班老師很有錢嗎？

「在這麼多人之中，我只有一次真的動心了，只因為那個女孩子穿著純白的洋裝來上課。男人對於純白洋裝真的很沒抵抗力，我差點就陷下去了。

「我才說了這番話，結果下一次上課時，突然有一位女學生穿著純白洋裝坐在前排。再下一次就變成了三個人、五個人，像這樣女生穿白洋裝的比率一直增加下去呢！

「即使是我這種不受歡迎的男人，都會引發這種現象。大家覺得如何啊？你們不覺得自己也該來當當看補習班老師嗎？」

這番話跟國文課一點關係也沒有，考試也不會考，但多虧了這番話，我們喜歡上這位老師，之後才願意去上他的課。

也就是說，並不是他特別會解題，而是因為他很會閒聊，才讓我們願意認真聽課。

與對方無關的話題就不帶攻擊性

「妳住哪裡啊？」要是這樣問女孩子，她們應該會嚇到吧！她們會害怕你是不是要在車站前埋伏，因而有所防範。

「我又沒打算那樣做，只是單純想問她住在哪裡而已啊！」我很明白你這麼辯解的心情，不過，如果對方因此對你生出一些警戒，還是別問比較好。

像「你都什麼時候休假啊？」也是很平常的問題，但女孩子就會覺得「假如說了哪天有空，他說不定會趁機約我出去」，因而緊張起來。

如果談了和對方切身相關的話題，你就可能在暗地裡被討厭。

「您今年幾歲？」因為和對方有關，不適合作為閒聊話題。

「您是哪裡人？」這也涉及對方隱私。

像「您愛吃什麼？」這種問題，你可能覺得沒什麼關係，但以閒聊來說，還是不適合。因為如果不小心說了，之後對方便有可能送食物給你。

在廣播節目中，主持人有時也會突然問藝人喜歡吃什麼東西。要是藝人回答哈密瓜，沒多久，他的公司就會收到好幾箱哈密瓜。要吃進肚子的東西經過寄送，要是被下毒或腐壞就糟了，所以最後都會丟掉。

有時，電視主播也會小心不在節目上提到自己喜歡的食物，因為不小心說了，電視台就會收到那種食物。

如果你家剛好是種哈密瓜的，知道自己喜歡的藝人喜歡吃哈密瓜，一定會希望對方能吃吃看，就這樣寄了過去。

閒聊時，避免提到與對方相關的話題才是上策。

閒聊就是要選擇
和雙方都無關的話題

**一旦聊了和對方切身相關的話題，
就可能會被討厭。**

03 閒聊基本原則②以沒意義的事作話題

或許有人會覺得分享各類知識也是閒聊的一種方式。

「大家知道日幣十圓上的建築物是什麼嗎？是平等院鳳凰堂喔！」

這不能算是閒聊，只是在炫耀你的學問而已。

閒聊內容不能有任何教育意義，有教育意義的內容等進入正題後再說就可以了。

閒聊的目的就是無論如何都要拉近和對方的距離。

「不覺得踩著鋁罐的橘子（譯注：諧音哏，鋁罐的日文「aruminkan」跟某顆橘子「arumikan」發音相似）聽起來很有趣嗎？」

有一次，一位認識的女孩子特地打電話來告訴我這個，說實話，當時還真是不知道她的意圖。

應該沒有人會覺得這有趣吧？但我卻覺得她為了講這件事特地打電話來真是可愛。

結果，她隔天又打來了，而且開頭又是那一句：「你不覺得踩著鋁罐的橘子聽起來很有趣嗎？」

「這個我昨天聽過了啦！」

明明是充滿吐槽點的無聊事，卻為了這個特地打電話來，我還是覺得這樣好可愛。

隔天，她又不知道為什麼打了電話過來，第一句話還是：「雖然有點唐突，不過你不覺得踩著鋁罐的橘子聽起來很有趣嗎？」

「這已經講三次了耶！」雖然我這樣吐槽她，但就結果來說，我們卻成了非常要好的朋友。

我敢斷言這世上沒有比「不覺得踩著鋁罐的橘子聽起來很有趣嗎？」這句話更沒意義、更無關緊要的事了。

正因為把無關緊要的事當作閒聊話題，彼此才能感覺更加親近啊！

以報紙沒登的事情作為閒聊題材

有些人會事先閱讀報紙，並將內容當作閒聊題材。但其他人看了報紙，也會知道上面刊載的資訊。

如果你說：「那個今天的報紙有寫耶！」

「把報紙寫的東西當成話題，真是個無趣的人。」你就會被貼上這樣的標籤。

假如我說「這個今天的報紙有寫」，然後把報導寫進書裡，你應該也會認定我是個無趣的作家吧！

同樣的道理，你也不能在閒聊中使用報紙報導的內容。

「今天的台股加權指數是○○點耶！」這種報紙上會登的資訊不能拿來當作閒聊話題，因為這只是單純的「資訊分享」而已。

即使分享了這個資訊，也不會和對方變得親近。

就算告訴對方「今天的台股加權指數是一萬點喔！」對方既不會回答「太棒了！」也不會因此而沮喪。

「今天我在電視上看到一則殺人事件。」這種話題只會讓對方心情低落，也不適合。

「最近的社會真是危險啊……」當你無力地講完這句，對話就會戛然而止。實在很難想像，要怎麼以殺人事件為話題熱烈地討論下去。

增加彼此的笑容，才能使彼此更加親近。因此，必須以開朗、報紙或電視上沒報導過的事作為話題，讓對話可以熱烈進行才行。

積極地告訴對方「沒用的事」

「現在玉米的市場價格已經暴跌到最低點了，趁現在買比較好喔！」就是在提供對方有用的資訊。

能夠促使對方付諸行動，就產生了「行動」的意義。但閒聊時，沒意義的內容才是重要的。

提供有用資訊，就會變成主要的談話內容。

資訊就只是資訊，不會因此變成閒聊。

「我吃了玉米就塞牙縫……要是有不塞牙縫的玉米，我就去買了！」像這樣的內容，因為沒意義，所以可以當成閒聊話題。

假如說了有意義的話，對方會因此緊張起來，反而要認真聽你說話。

有意義、有用的話，在進入正題之後再說就可以了。

越沒用的事，越能當作閒聊題材。

「世界第二高的山好像是××山喔！」是普通的知識分享，所以不行。

閒聊內容不該是這些知識，而要是沒有用的事。

對話內容越沒意義、越沒重點，閒聊就會越有趣。

04 閒聊基本原則③ 不從字面理解對方的話

閒聊最重要的事，就是不照字面意思全盤接受對方所說的話。

比方說，如果有女孩子跟你說「我最討厭你了！」這代表兩種情形：

①她真的討厭你。

②實際上很喜歡你，卻故意說討厭，以觀察狀況。

「啊！被討厭了，好震驚啊！」雖然有男性能很輕易地接受，但事實上，也有人會覺得「即使如此，我還是要試試看她會不會再說喜歡我」。

語言這種東西，有很多狀況都不能從字面上去解釋。

「請跟我交往吧！」

「先從朋友開始的話就可以。」

聽到這樣的話，有些男性會誤以為「原來從朋友開始就行了」。

其實，她真正的內心話是「我一輩子都不可能跟你交往！」

有時說「討厭」，但其實ＯＫ；也有雖然說「好啊！」實際上想拒絕的情況。

當老婆跟你說「我們離婚吧！」也可能有以下兩種狀況：

①她真的想離婚。

②她想表達「你為什麼不好好珍惜我呢？好好照顧我嘛！」的心情。

實際上，幾乎都是以②的狀況居多。

如果全盤接受對方所說的話，就會成為無趣的人。

「我要跟你離婚！」

「那我們該去找律師了……小孩的監護權要歸誰呢？」

如果老婆說要離婚，你就這樣回覆，就不能當成是普通的聊天了。

如果不看穿對方真正的心意，只拘泥於他所說的「文字」，然後繼續對話下去，就會變成無趣的人。

不把對方的話當一回事，才能聊不停

男性有不小心就把對方說的話當真的傾向。

如果老婆跟你說「最近青菜好貴」，可能有以下兩種狀況：

①她真的為菜價高而苦惱，想知道哪裡能買到便宜的菜。

②根本沒特別想什麼，只是隨口說青菜很貴而已。

其中有九成應該都是②。

所以，不認真當一回事，對話反而能熱烈地進行下去。

「菜真的很貴呢！」

「這樣啊！那就上網搜尋可以線上訂購並宅配的青菜，自己實際找找看，不就知道哪裡最便宜了嗎？」

假如你接了這種話，絕對會被討厭。

「為什麼男人就是不會聊天呢？女生的話，這種芝麻蒜皮的話題持續一、兩個小時都沒問題……」雖然很多女人這樣認為，但男人就是不一樣。

女人很擅長無意義的對話，男人卻很容易照字面接受對方所說的話。

「好想趕快結婚啊！」要是有女孩子這麼說，就算她真的想結婚，也不一定是認真說出這種話的。

因此，對於作了「好想結婚」這種發言的女孩子，假如你建議「那就上交友網站加入會員，或去婚友社諮詢看看不就好了嗎？」恐怕會因此被討厭。

「好想結婚啊！」

「對了！那部電影好像很有趣喔！」

只要像這樣，不理會對方說的話，轉到完全不相干的話題上就好了。

有人說：「好想喝咖啡喔！」

你就不能回答：「那要不要一起去那裡的咖啡廳啊？」

有人說：「好想喝咖啡喔！」

就回答：「昨天的節目你看了嗎？」反而可以聊得更起勁、更開心。

閒聊時，對方的話「只聽一半」

小學時，老師都教過我們「要好好聽人家說話」。

如果是在企劃簡報或洽談生意時，當然必須一字不漏地聽清楚對方所說的話；在學校上課，當然也要認真聽講才行。

但是，**閒聊時，對方的話只聽一半，反而能讓聊天氣氛更加熱絡。**

不，完全不把對方說的話聽進去反而最好。

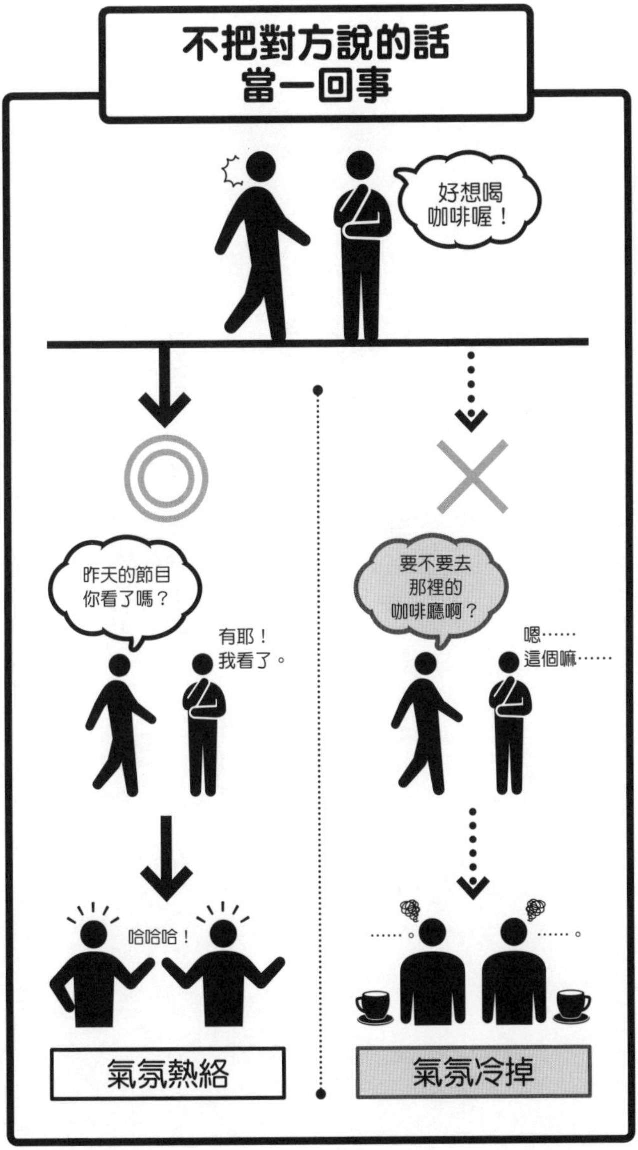
不把對方說的話
當一回事
好想喝
咖啡喔！
昨天的節目
你看了嗎？
有耶！
我看了。
哈哈哈！
氣氛熱絡
要不要去
那裡的
咖啡廳啊？
嗯……
這個嘛……
……。
……。
氣氛冷掉

「SMAP的新歌很棒吧！」

如果話題這樣發展，多數人會認真地傾聽，並詢問對方：「你說的是哪首歌呢？」

「SMAP的新歌很棒吧！」

「但我喜歡ARASHI耶！」

像這樣不太有關係的內容算是不錯的回應。

「SMAP的新歌很棒吧！」

「我肚子餓了——」

像這種回應，以閒聊來說，算是最正確的了！

會反問「蛤？」的人更擅長閒聊

男人很容易想認真地進行對話，或一直想說有意義的話題。「好好聽我說話啦！」如果別人不好好聽自己說話，男人就會生氣。

很會閒聊的人多半不怎麼聽人說話，老是反問人家：「蛤？你剛剛說什麼？」

像是以下這種對話：

「澀谷 Hikarie 百貨在哪裡啊？」

「喔！在那裡。」

「蛤？不好意思，我沒在聽。您說哪裡啊？」

「哎喲！那裡不就寫著 Hikarie 嗎？」

「啊！我剛剛恍神了沒聽到，您說在哪裡啊？」

搭訕大師島村先生就能持續這種一問一答一分鐘之久。

一開始，會覺得他根本就是故意的，但之後就會發現他只是不知怎麼好好聽人講話而已。

正因為他沒在聽對方說話，反而更擅長閒聊。

比起認真聽別人說話，**不如充耳不聞，並增加對話一來一往的次數，反而更能成功拉近彼此的距離。**

05 閒聊基本原則④不作價值判斷

「我好喜歡吃蛋糕喔！」

「可是熱量那麼高，吃了不是會胖嗎？」

回覆這種話可是會被討厭的，因為你針對人家說的話作了價值判斷。

也就是說，如果你評斷了對方所說內容的好壞對錯，就會被對方討厭。

閒聊中，是不能有任何價值判斷的。

當對方表示他喜歡某個偶像時，如果跟著回應「我也喜歡」「我不喜歡」，就是在作價值判斷。這樣是不行的！

閒聊不能說出自己的「好惡」。

假如表示討厭，就可能和對方產生對立，但應該有人會覺得如果雙方都喜歡就能引起共鳴，不是很好嗎？

當然，如果是所有人都認同的事，那就沒問題。

像是天氣很好時，說「天氣真好啊！」就能引起共鳴。

但是，對於偶像的喜好等有好惡之分的事，無論贊成或反對，都不能輕易說出口。

「我好喜歡那個偶像喔！」

「是喔！我也很喜歡耶！」

「唉呀！真是不好意思，我剛才是故意說謊的，其實我超討厭他的！」

也可能出現這種教人彆扭的情況。

假如全盤接受對方所說的話，又掉進這樣的「言語陷阱」裡，反而會讓彼此的關係變差。

「我好喜歡那個偶像喔！」

「要不要吃可麗餅？來吃可麗餅啦！」

假如你能這樣回答，就可以和對方處得更好。

別再用「喜歡」「討厭」當閒聊話題！

「我喜歡那個人！」

「我討厭那種食物！」

以自己的好惡作為閒聊話題並非好事，無論是什麼事，一定會存在支持和反對的聲音。

「這個人跟我不一樣！」意識到這件事的瞬間，就會覺得和對方變疏遠了。

「我好喜歡棒球喔！」

「我也是，我也是！我超喜歡巨人隊的！」

「不過，我支持的是中日隊耶！」

「那我們就不能一起去看比賽了。」

「說得也是……（沮喪）」

結果就會變成這樣的情形。

即使有喜歡棒球這個共通點，但只要喜歡的球隊不同，可能就會認為彼此好像無法成為一輩子的好朋友。

「我最喜歡吃美食了！」
「我也是！我超喜歡吃烤肉的！」
「啊？我喜歡的是法國料理啦！」
「那我們就不能一起去吃了。」
「說得也是……（沮喪）」
也可能發生這樣的情形。

在你發表個人好惡的瞬間，就可能和對方產生歧異。

因此，「我喜歡這個，討厭那個。」像這樣的句子不適合作為閒聊題材。

雖然也有人想說出自己的想法，表達支持或反對，或和對方輪流發表意見，但那不能算是閒聊，而已經是「討論」了。

為了拉近彼此的距離，從一開始就應該下定決心，絕不說任何跟自己的好惡有關的話。

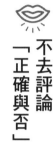

不去評論「正確與否」

有些人喜歡評論事情的正確與否，但如果是**為了評斷是非而進行對話，只會讓你變成一個無趣的人而已。**

「所得稅應該要再提高。」

「免稅額應該要高一點。」

像這樣的內容，無論最後的結論是什麼，只會讓人覺得「和這個人聊天很無聊，真是一個無趣的人」而已。

多數人都想發表正確的言論，然而，即使講了正確的內容，若是很無趣的話，也沒辦法增加別人對你的好感。

益智節目也是一樣，比起答對很多題目的藝人，答錯題目的藝人反而比較受歡迎！

「在四字成語中，『一（ ）二（ ）』的（ ）應該要填入什麼才對呢？」

像這樣的問題，正確答案是「一石二鳥」。

如果回答「一泊二食」就錯了。雖然以機智問答來說，這是錯誤的答案，但如果從「電視台是否要再邀請該藝人來參加節目」這個觀點來看，寫「一泊二食」的人反而更能為自己拿到高分啊！

閒聊時要盡量避免討論事情的「正確與否」，因為**閒聊的最終目的，是讓彼此變得親近。**

所以，說了正確答案卻被別人認為難以親近的話，你就輸了。即使答錯了，卻被認為是一個很不錯的人，讓大家想和你成為朋友，那你就勝利了。

證明自己是正確的，並且辯贏了對方，卻因此招致反感，就失去了閒聊的意義。

閒聊時，盡量避免判斷「是非」與「好惡」

✕ 也別用「喜歡」「討厭」當作閒聊話題

在說出好惡的瞬間，就可能和對方產生歧異

✕ 「正確」「錯誤」當作閒聊話題

就算是正確的解答，
如果讓對方感到難以親近，那你就輸了

CHAPTER 4

向電視主播學習閒聊技巧

01 主播的工作就是「不被討厭」

電視主播必須努力讓別人願意聽自己說話。即使該播報的新聞都報了，如果觀眾覺得「這傢伙講的話，我就是不想聽」，就可能面臨被轉台的命運。

從菜鳥時代開始，我就一直不斷被灌輸這樣的觀念：**「成為主播的最大前提，就是百分之百不能被討厭！」**

要是主播在節目上說「我是巨人隊的支持者」，擁護其他隊的觀眾就可能會討厭你。

如果一個主播在作棒球比賽實況報導時，公然表示他是巨人隊的支持者，便有一定的風險讓觀眾覺得「就算這個主播想公平地報導，他一定也比較想播報巨人隊的狀況吧？」

當然，如果是在日本電視台的相關頻道，即使主播支持巨人隊，也能光明正大地詔告天下。因為日本電視台和巨人隊的母公司都是日本讀賣新聞社，所以能這樣做。如果是在其他電視台，以主播的身分如此宣告自己喜歡的球隊，還是不太恰當的。

你說的話會讓別人決定喜歡或討厭你，因此，電視主播發言時，必須經常將這件事放在心上。

這就跟作用力、反作用力一樣——有人喜歡，就一定會有人討厭。如果表示自己喜歡阪神隊，雖然會引起阪神隊支持者的共鳴，卻可能招致巨人隊支持者的反感。

主播是不能輕易表達好惡的

我是名古屋人，也是中日龍隊的支持者。

我從小就是買《中日龍月刊》長大的，即使是現在，我也會帶著加油棒去神宮球場的左外野幫他們加油。

但在我進入電視台工作之後，同樣身為主播的上司這樣對我說：

「身為主播，是不能告訴觀眾自己支持哪一隊的。如果你無論如何都想說的話，就只能說你支持巨人隊！因為有共鳴的觀眾會比較多。

「你絕對不能說你是太平洋聯盟的支持者，因為有些觀眾根本只認識巨人隊而已。

「如果你說『我是歐力士野牛隊的粉絲！』『我是北海道日本火腿鬥士隊的粉絲！』要是觀眾連這兩支球隊的名稱都沒聽過，就會覺得你是不同世界的人，因而討厭你。

「你想表達自己的喜好時，只能說百分之百的人都會喜歡的東西。這對一個電視主播來說，才是正確的做法！」

我以前任職於日本長野縣的電視台，所以我很幸運地可以說自己是中日龍隊的支持者。

因為湊巧，長野縣南部、接近愛知縣的地方，有一區也有很多的中日龍支持者，我才能公開表示自己支持的是中日龍隊；如果我是在青森縣或大阪地區當主播，就不能這麼說了。

關於喜好的發言就是這麼敏感。即使是藝人也一樣，想公開聲明自己是巨人隊的粉絲，就要有在大阪的工作會減少的覺悟。

如果真的喜歡到無論如何都不願意退讓，公開講也沒關係，但是，**如果沒有喜歡到那種程度，還是寧可別說出來，才能讓更多人喜歡你。**

講了「沒人知道的事」，就會被討厭

假如你講了沒人知道的事，就會被對方討厭。

「關於費氏數列啊……」如果你開啟了這樣的話題，對方卻不知道什麼是費氏數列，就會覺得你是不同世界的人。

如果你是動漫迷，跟了解動漫的人聊天時，對方也會因為有熟悉感而覺得你是好人。反過來說，如果你對動漫一竅不通，卻有人每天跟你說「只有神知道的世界」「魔法少女小圓」之類的話題，你應該會跟那個人保持距離吧！

一般人通常會認為能跟你聊「你知道的事物」的就是好人，而聊你不懂的事物，就是不同世界的人。

所以，**為了縮短彼此的距離，就要選擇對方知道的事作為話題。**

如果你討厭一個人，有可能是因為那個人老是在講你不懂的事。

你明明就不懂股票，對方卻一直講「台股加權指數」之類的話題，相信你對那個人的好感度肯定會下降。

你對韓劇一無所知，對方卻一直聊關於韓劇的話題，你應該也會不太喜歡他。

因此，不能老講對方不懂的東西，應該以對方知道的事物為話題，彼此的關係才能變得融洽。

不是「你想講什麼就講什麼」，而是要「**談論對方也知道的事」，才能讓彼此更加親密。**

02 以天氣為話題是為了引起共鳴

閒聊時，**談論彼此都「百分之百認同」的事很重要。**

我還是新進主播時，非常討厭和天氣有關的話題，因為我覺得實在沒有比天氣更沒意義的事了。

晴天的話，根本不須特別提，那只是浪費時間而已；如果下雨了，也不過就是提醒大家帶傘罷了。

我一直覺得遇到不確定會不會下雨的陰天再來講天氣就好了。但我的上司硬是跟我說：「電視主播從天氣的話題切入是最好的！」

「開場白給我講天氣就對了！如果你說『今天天氣真好！』觀眾會覺得『我也覺得天氣真好，跟我想的一樣，我喜歡這個主播！』如果你說『正在下雨呢！』外面也真的下起了雨，觀眾就會覺得『這個主播和我在想一樣的事，跟我好合得來啊！』

「這跟你本人是否喜歡天氣的話題無關。要被喜歡才有意義，這就是電視主播的生態！所以，你的個人喜好也要跟工作區分開來，給我講天氣的話題！」

他是這樣說的。

實際上，越講跟天氣有關的話題，觀眾就越覺得「石井主播感覺好親近，想法跟我有好多共通之處」，因而對我更有好感了。

因此，**若能藉由天氣這種沒意義的話題來博得對方的好感，就是有意義的！**

只要能引起共鳴，對方就會感到親切

我還在當電視主播時，非常想說出別具一格的話，因為我覺得當九成的人都說「YES」時，自己說「NO」才有個性；大家都在講晴天時，就算搞錯了，我還是想講「現在正在下雨」。我就是這樣的人。

當九十九個人都往右走時，只要有一個人往左走，那個人就會成功。我到現在仍然這麼認為。

但是，如果目的是為了「博得對方的好感」，那就不一樣了。

越能讓對方覺得「我們是一樣的」，就越能提升對方對你的好感度。

作家如果寫出和別人一模一樣的內容，就會被讀者認為「這個人就是抄襲」「這個人沒有獨特性」，因而受到厭惡。作家就是處在「要和別人不同才有意義」的世界。

相對於此，電視主播講越多跟大家想法相同的事，反而會讓觀眾產生親切感，並成為支持者。

電視主播的世界就是「人云亦云才有意義」的世界。

覺得對方會怎麼想，就應該跟著那樣說。

為了使對方對你產生親切感，就必須打動對方，讓他們感覺到「我們是同樣的存在」才行。

與其發表精闢的言論，結果只有一成的人喜歡，卻被九成的人討厭，還不如和大家講一樣的東西，讓所有人都喜歡你，這樣反而更符合閒聊的目的。

要是在閒聊階段就被討厭了，在進入正題時，無論發表了多麼正確的言論，對方也無法接受。

雖然會因此無法說出真正想說的話，但既然是閒聊，就必須留意對方是不是能百分之百感到「沒錯，就是這樣」。

只說對方會百分之百認同的話

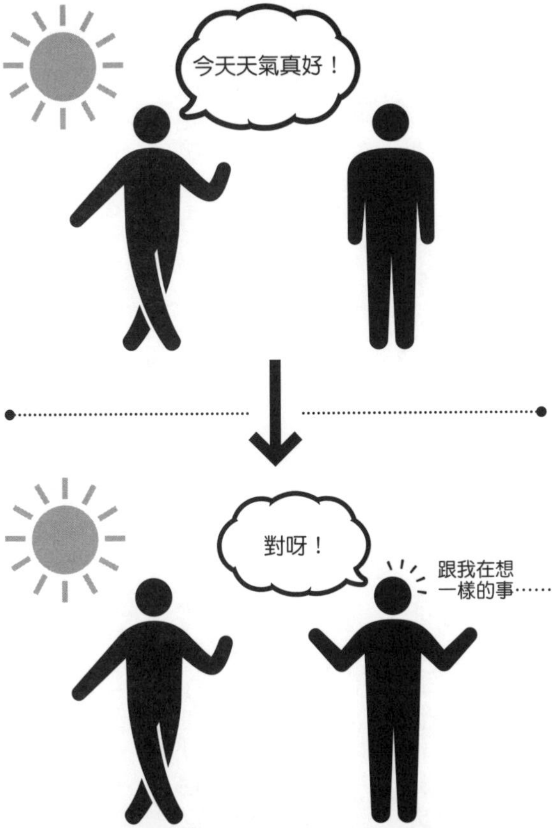

如果能讓對方認為你們是同樣的存在，對方就會對你更有好感！

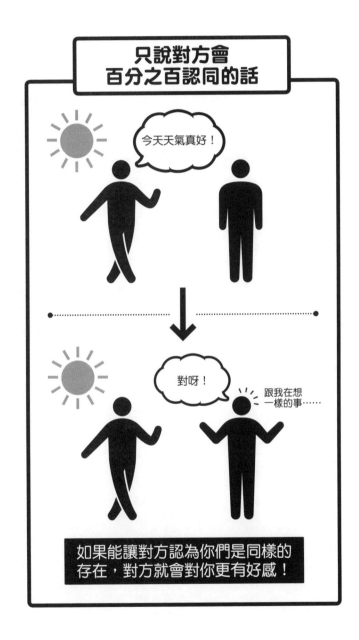

03 泰然說出「違心之論」反而討人喜歡

如果對方說他養了三條狗，你卻回答說你討厭動物，就會讓對方覺得跟你有距離。雖然不是真心話，但回答「有養狗真好」，確實能讓對方更喜歡你。

即使你不這麼認為，但為了拉近彼此的距離，還是要自然地說謊。這在閒聊中是很重要的。

談到寵物，我個人覺得不養寵物比較好。養了寵物，就不能自由地去旅行了。

有時間餵養寵物或帶牠們去散步，我寧可把那些時間拿來工作。

雖然我也想過六十五歲後可以試著養寵物，但現階段為了在工作上有所進展，我覺得應該要盡可能排除工作以外的事。

為了引起共鳴，可連原則都捨棄

不過，在和有養寵物的人聊天時，我也能自然地說出「有狗的生活真不錯呢……」這種話。

雖然，當對方說出「我家的狗剛好生了小狗，你要養養看嗎？」之類的話時，讓我很困擾，但**能夠馬上說出「違心之論」，是閒聊中很重要的能力。**

要是有人問你：「你比較喜歡狗還是貓呢？」你該怎麼回答？在愛狗人士面前，就說「當然是狗啦！」如果是家裡有養貓的人，就回答「當然是貓啦！」

我很了解你想大喊「那麼沒原則的事，我做不到！」的心情。但是，為了引起對方的共鳴而捨棄原則是很重要的。

閒聊時說出「違心之論」也沒關係

在愛狗人士面前

在愛貓人士面前

為了引起對方的共鳴，可以連原則都捨棄

04 要能喜歡對方也喜歡的東西

我在國小時取得了劍玉一級。為了考過這個檢定，我知道所有劍玉技法的名稱。無論「宇宙游泳」這個技法多難，我還是努力地去親身體驗。

有一次，我在電視上看到日本搞笑雙人組針千本的箕輪遙小姐表演「宇宙游泳」的模樣。箕輪遙小姐已經取得劍玉三級檢定。

在劍玉檢定中，一級算是可以輕鬆通過的級數，但一級之後，就變得非常困難。「宇宙游泳」這個動作，我練習了好幾年，但從來沒成功過，是很困難的技法。

看見她竟然能輕鬆地表現那個技巧，就覺得她一定是個很努力的人，一定要支持她才行。因此，我成了她的粉絲。

如果你喜歡劍玉，就會對「擅長劍玉的藝人」有好感；如果你是巨人隊的支持者，應該也不會討厭「喜歡巨人隊的藝人」；即使是一直以來都沒特別關注的藝人，一旦知道他跟你曾經就讀同一所國中，你就會瞬間成為他的支持者。

因此，**如果你希望對方能夠對你產生好感，只要說你喜歡對方喜歡的東西就可以了。**

想讓一個家裡養了約克夏犬的人喜歡你，就去養約克夏，便能讓他對你更有好感；想讓一個養土佐犬的人喜歡你，最好的方式也是養條土佐犬。

只要讓對方有「跟我一樣」的感覺，他就會更喜歡你。

知道對方也付出了同樣的時間，就會產生好感

光是一起玩同一款遊戲，就能讓對方覺得很親切。

我很喜歡《槍彈辯駁：希望學園與絕望高中生》這款遊戲，曾經一玩就是幾十個小時。這款遊戲改編成舞台劇時，我也搶先預約去觀賞。

在《槍彈辯駁》舞台劇中，飾演壞蛋頭目江之島盾子的是日本演員神田沙也加小姐。在這之前，我觀賞《冰雪奇緣》時，就覺得飾演妹妹安娜的神田小姐實在太會唱歌了，竟然這麼有唱歌天賦，真不愧是神田小姐，神田小姐確實跟我不同，簡直是不同世界的人啊！

後來，我看了神田小姐的訪談，聽到她說：「我是《槍彈辯

駁》的忠實粉絲！一直很希望有朝一日能夠飾演江之島盾子這個角色！」

我馬上就成了神田小姐的忠實支持者。

雖然我之前一直以為自己和她是不同世界的人，但透過對《槍彈辯駁》的喜愛，我了解我們同樣都花費了幾十個小時在這款遊戲上。

一直以來，我都覺得成為像神田小姐這種天才橫溢人士的粉絲，是很愚蠢的。

儘管如此，光知道對方跟你付出了一樣多的時間，就會產生「她一定可以了解我，我也可以了解她」的想法，而讓親切感倍增。

只要知道彼此付出了一樣的時間，就會增加對對方的好感。

一般人都會喜歡同好

我很喜歡韓國歷史劇，看過了《李標》《善德女王》等二十部以上的韓劇。

一部韓劇可以多到八十幾集，必須花費八十幾個小時的時間來觀賞。因為我幾乎都是看長篇韓劇，每當遇到跟我看過相同韓劇的人，就會倍感親切。

其中，《朱蒙》是我看過的韓劇中最有趣的一部，而日本藝人之中，也有許多是這部劇的粉絲，甚至在《朱蒙》的官方網站上，也湧進許多藝人的留言：

「我就是為了看《朱蒙》而生的！」

「這是我活到現在最大的樂趣之一！」

盡是讚美之詞。

為什麼會有那麼多藝人來留言呢？

當然也有單純因為被感動而來留言的藝人。

「這藝人跟我一樣花了八十幾個小時看這部韓劇，而且還很感動！感覺好親近，我要成為他的粉絲！」但應該有更多藝人是為了讓有這種想法的人增加，並成為自己的粉絲，才特地來留言的。

如果你是藝人的話，應該也會跟著稱讚這部韓劇吧！

對於看了《朱蒙》的人來說，一知道過去從沒關注過的藝人也在看同一部連續劇，就會突然對那個藝人非常有好感。

只要知道對方也付出了一樣多的時間，就會一口氣縮短彼此的距離。因此，**如果希望和對方更加親近，就去做對方曾付出時間追求的事物，再以此為話題就行了。**

05 持續引起共鳴，就能拉近距離

為了開啟新話題，你說你正在養狗。但是，對方養的是貓不是狗，一旦他回答：「這樣啊！我家養了二十隻貓呢！」這段對話就等於劃下句點了。

「這個人跟我不一樣啊！」在兩人還有距離感的狀態下，對話就結束了。

無論感情多好，應該都會浮現「我們又不能去彼此的家裡玩，應該也沒必要深交」的想法。

因此，**閒聊中很重要的一點就是「引起共鳴」**。

對方右轉時，自己也跟著右轉；對方左轉時，你也跟著左轉，這樣對方就會覺得可以跟你交朋友。

假如能夠持續引起共鳴，就能縮短彼此的距離，變得更加親近。

「我有養狗。」「我養貓。」

「我喜歡韓劇。」「我都不看電視。」

「我喜歡看棒球賽。」「我連規則都不知道。」

假使這樣的對話持續下去，你應該也會覺得對方說不定根本就是討厭你吧！

「我有養狗。」「我也是！」

「我喜歡韓劇。」「我每個禮拜都有看耶！」

「我喜歡看棒球賽。」「我也超喜歡的！」

假如能夠這樣持續地認同對方，彼此就能更加親近。

談論「現在發生的事」比較能引起共鳴

幾乎每個人都對「現在發生的事」比較有興趣。

「昨天發生了○○……」這種句子說的都是已經結束的事，「○年後會舉辦奧運耶……」則是尚未發生的未來話題，比起這些事，像是「現在你家附近好像失火了！」這種話題，比較能馬上抓住對方的注意力。

電視新聞都是依照新聞的重要性來決定播報順序。一開始的新聞被稱為「頭條新聞」，各新聞台其實都在互相較勁，決定到底要以什麼作為頭條新聞。不掛心第二則新聞，重點放在第一則要報導什麼新聞，而這就考驗新聞台的本事了。

要成為頭條新聞有兩個條件：

①重大事件

②剛發生的事件

「四年前發生了核災。」很遺憾，這種新聞無法成為頭條。

「一小時前發生了五級有感地震，幸好無人傷亡。」像這樣的新聞因為剛發生不久，就能成為頭條新聞。

就重要程度來說，二〇一一年的福島核災絕對是非常重要的議題，但就時間性來說，剛發生的新聞更有價值。

電視頭條新聞之所以重要，是因為第一則報導如果能引起觀眾的共鳴，他們就會繼續收看接下來的報導。

新聞節目最重要的就是要有觀眾，新聞節目並不是為了改變世界而存在的，至少就現狀而言，電視台每天都必須思考如何提高當日的收視率。

「我要用新聞報導改變社會！」即使抱持這樣的想法進入電視台，上司還是會叫你做有收視率的新聞。你只能乖乖遵從，和一般上班族一樣。

我自己剛進公司時也曾說過：「為了讓日本更加光明，我只想做正面的新聞。」

因為我覺得播報了不幸的消息，世界只會越來越糟；如果只播報正面的新聞，這世界也會變得幸福。

「人類就是一種想看到別人不幸的生物。

「播報不幸的事件才能提高收視率。

不談過去和未來，
只講現在發生的事
以前
發生了
大地震。
是這樣沒錯……
NEWS
未來
說不定會發生
大地震。
這樣啊……
NEWS
現在
發生了
大地震！
真的假的？
咦？
現在有地震嗎？
NEWS
人會對「現在發生的事」有興趣

「不幸的事件能夠成為新聞，但幸福是無法成為報導的。」

我的上司就這樣拒絕了我。

「新聞報導不是為了讓世界變得更好，而是為了得到當天的收視率。」上司灌輸給我這樣的觀念。

無論是哪間電視台，都是抱持這樣的觀念。如何提升當日收視率是電視台最大的課題。

不去思考孰是孰非，以「能否引起對方的共鳴」為基準去思考，才是電視主播的世界。

報導今天發生的事是為了讓對方想聽你說話

電視主播假如報導過去發生的事件，會讓觀眾覺得「這件事不是已經過去了嗎？和現在又無關」，並因此降低對這主播的好感度。

假如主播談到未來發生的事，則會讓觀眾覺得「又不是先知，講這些不確定的事，真是讓人無法信賴」，因而損及形象。

所以，要以和天氣有關或現在正在發生的事作為話題。這麼做是為了讓觀眾產生共鳴，讓他們想聽這個主播說話。假使一開始沒能抓住觀眾的心，之後再說任何話，觀眾也聽不進去了。

如果是一個最近去了電話俱樂部、因為和未成年少女發生關係而被逮捕的主播，報導了「日本政府通過了電話俱樂部限制條例……」這樣的新聞，觀眾應該會覺得「你這傢伙根本沒資格報導這種新聞」吧！

先讓觀眾想聽你說話，之後無論是什麼內容，他們都會願意聽。

為了讓觀眾喜歡自己，電視主播們都豁出去了。

以前曾有一位女主播在報導阪神大地震時穿著華麗套裝，結果被許多觀眾投訴「怎麼能穿那種衣服！」社會上也有一些人認為女主播不該穿著華麗的套裝，因此，為了不被討厭，主播穿著樸素的衣服才是上策。

然而，也有許多人認為「主播就是要好好穿套裝」。

所以，主播們必須時常留意自己的穿著是否能兼顧時髦與樸素。

無可非議，又能展現自己的個性，是電視主播共同追求的目標。

06 「說話的人」比說話內容更重要

假如有以下兩個選項，你比較想聽哪一種：

①你討厭的人所說的要事

②你喜愛的正妹主播所說的廢話

我相信應該有許多人會選②。

很多人在聊天時，都會煩惱自己到底該說什麼才好，但**正解其實是「只要你夠討人喜歡，無論說什麼話，別人都會願意聽」**。

閒聊目的就是——在聊完之後，成為「無論說什麼，別人都願意相信」的人。

連聊都不聊，一見面馬上就問「要不要買保險？」是不可能成交的。

等雙方變得比較親近，聊天氣氛也很熱絡的時候，再提出「對了，我現在有一份保單還不錯喔！」就能提升對方購買這份保單的機率。

「假如是不錯的商品，只要好好說明，對方應該就會買吧！」

這個想法絕對是錯的。

如果是你信賴的對象推銷的東西，你應該大部分都願意購買；但如果是自己討厭的人推銷的東西，就算有需要，也不會想買吧！

「進了廁所後，才發現沒有衛生紙！」在這種緊急狀況下，你可能還是會抗拒跟你討厭的人要衛生紙。

比起說話的內容，更重要的是「誰說的話」

1 開始聊天

2 拉近距離

3 讓對方願意聽你所說的任何話

只要是你有好感的人，你就會願意聽他說話

在靠閒聊縮短彼此的心理距離之後，就能讓對方覺得「只要是你說的話，我都願意聽」。

如何讓完全沒見過面的人願意信任自己，也是電視主播時常思考的課題。

街頭採訪時也是一樣。如果採訪者是你信賴的主播，你就會很樂意接受採訪；但如果是你討厭的人，恐怕連開口都不願意了。

比起說話內容，**為了讓自己無論說什麼，人家都願意聽，閒聊更是不可或缺的。**

CHAPTER 5

激發信賴感的「附和」技巧

01 不斷附和就能增加對方的信任感

「初次見面，請多指教，我姓田中。」

「……」

「今天天氣真好！」

「……」

如果你一直保持沉默，對話就無法成立。假如你不適時地附和，對方可能會認為自己被討厭了，兩人就會變得更加疏離。

為了縮短彼此的距離，必須適時地附和對方。

雖然也有人覺得自己不擅長說話，但**無論再怎麼不會說話，你**

還是能夠成為附和天才！

「嗯嗯嗯！然後呢？」像這樣附和人家的話，對方就會覺得你對他的話題有興趣，因而增加對你的好感。

閒聊時，如果能讓對方產生「你真是個好人，好像可以信任你」的感覺，你就成功了；反之，若讓對方討厭你，閒聊就失敗了。

不必勉強講有趣的事給對方聽，即使只是「嗯嗯嗯」地附和對方，就能達成閒聊的目的了。

所以，為了讓對方更信任你，你應該不斷地附和人家。

對話中的發言比率是對方九成、你一成

如果你擅長附和，對方也就更能侃侃而談。

不必糾結自己一定要在聊天時說非常多話。

對話中的發言比率，不是自己占九成，而是對方九成、你一成。

一旦你想說很多話給對方聽，可能會讓對方覺得「這個人真會講話啊！感覺說不過他……」

閒聊的目的不是為了讓你發表意見、使你心情變得愉快，而是為了提升別人對你的好感度，其最終的目標是讓對方願意聽你說任何話。

對話不應都照你的步調走，必須考量到對方的步調。你越是想表現自己，就越會被人家討厭，對方會覺得「我也想被了解啊！我想跟願意了解我的人說話」。

壓抑想對別人發表演說的心情，並附和對方所說的話，才能讓別人更喜歡你。

閒聊就是要以犧牲自我、讓自己歸零的心情進行，才會恰到好處。

大聲重複對方說過的話

我想，應該有人雖然想附和對方，卻不知該從何著手吧？

這種時候，**只要大聲重複對方所說的話就可以了。**

「天氣真好！」「是啊！天氣真好！」

「巨人隊贏了耶！」「耶！巨人隊贏了！」

像這樣將對方說過的話再大聲複述一次。

假如對方說的是你不知道的東西，該怎麼辦呢？應該有人不願附和自己也不清楚的事吧？

這時，你只要先附和完，再告訴對方自己其實不知道就好了。

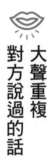

「巨人隊贏了耶！」

「巨人隊贏了！雖然我還沒上網查過詳細狀況就是了。」像這樣講就可以了。

等你回了這句話，對話會怎麼進行下去呢？

「巨人隊贏了耶！」

「巨人隊贏了！雖然我還沒上網查過詳細狀況就是了。」

「巨人隊以五比零的差距完封對手喔！」

不懂的事也跟著附和，對方就會補充你的不足。

「寶塚歌劇團很有趣喔！」

「寶塚歌劇團真的很有趣呢！雖然我不知道她們最近有哪些表演就是了。」

「現在正在演《伊莉莎白》！」

不知道對方在說什麼時，不能因此就停止附和，**正因為不知道，才更要附和對方**，這樣反而能讓彼此更加親近。

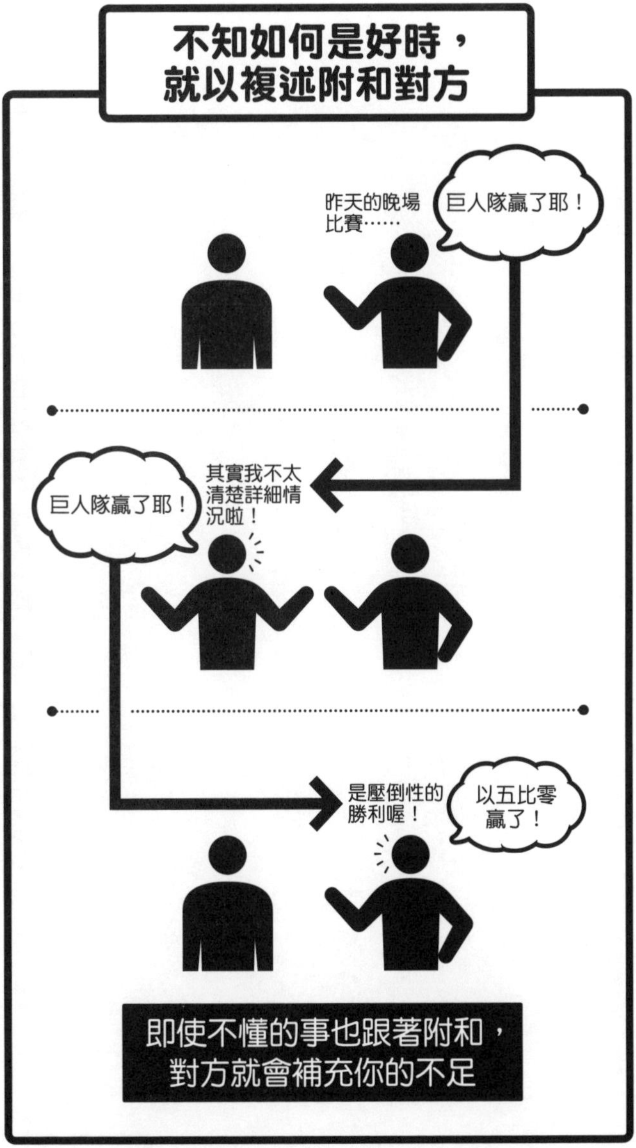
不知如何是好時，
就以複述附和對方
昨天的晚場
比賽……
巨人隊贏了耶！
巨人隊贏了耶！
其實我不太
清楚詳細情
況啦！
是壓倒性的
勝利喔！
以五比零
贏了！
即使不懂的事也跟著附和，
對方就會補充你的不足

02 表現誇張的人容易被信賴

假如有人說：「今天天氣真好！」

以下兩種回應方式，你比較喜歡哪一種呢？

①「對呀！天氣真好！」

②「唉呀！天氣真的超好的！好舒服啊——」

當然是②，因為比較能感受到對方的善意。

表現誇張的人確實容易讓人產生好感。

「我不覺得今天的天氣特別好啊……」即使你這麼想，還是要表現得很誇張才行。

這和你真正的想法無關。

為了提升自己在對方心中的形象，捨棄所有的自我主張吧！

假如對方告訴你他喜歡狗，即使你其實很討厭狗，還是要回答：

「狗超棒的！到底為什麼狗會這麼可愛呢？」

像這樣，要表現得稍微誇張一點才行。

大多數人的回應都沒有情緒起伏，在冷靜地判斷對方所說的話之後，同意就採取「YES」的反應，不同意就採取「NO」的反應。

事實上，針對對方所說的話，你應該只能誇張地表現「YES」的反應。這是一種**將對方點燃的話題加油添醋，使其燃燒得更旺的附和方式**。

即使對方說的話很無聊，也不能拿滅火器來滅火。

不斷地點頭、予以肯定，並採取誇張的回應方式，就能縮短和對方的距離。

即使是理所當然的事，也要誇張地複述

日本設計師森井良行是誇張表現的天才。

我的個人服裝全都是請森井先生替我搭配的。

他就是一個表現很誇張的人。

在居酒屋時，即使我只是正常地點個餐，他也會有很誇張的反應。

「請給我啤酒。」

「啤——酒——」

我明明只說了啤酒，他也會很大聲地重複「啤——酒——」。

只要有他在，我們這群人看起來就是情緒高昂、很開心的樣子，別人還會因此轉過頭來看我們。

「前陣子有一場聯誼……」

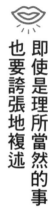

「聯——誼——」

他就會有這樣的反應。光是這樣，氣氛就變得很歡樂。

在做出反應時，能帶動氣氛是很重要的。

「前陣子有一場聯誼……」

「喔，聯誼啊……」比起這種平淡的回應，誇張地回答「聯誼——」才能讓氣氛更加熱烈。

即使聯誼活動本來很無趣，透過森井先生的反應，原本的記憶好像也被覆蓋過去，變成了很開心的事。

只要大聲複述，就能成為不被討厭的人

森井先生說的話都沒什麼內容，老說些毫無意義的話，一回神

就已經聊了一、兩個小時。

「咦？剛剛到底聊了些什麼啊？」即使試著回想，因為都是些完全沒營養的話，所以也想不起來。

「我最近要出一本書。」

「喔？又要出書了嗎？」

「是一本跟閒聊有關的書……」

「閒——聊——？」

「森井先生，你真的很會聊天耶！」

「咦？我很會聊天嗎？」

「沒什麼意義的內容，也可以沒完沒了地聊下去呢！」

「真的耶——」

像這樣聊著，不知不覺一小時就過去了。

他幾乎沒有給我任何有用的資訊，就只是大聲地回應而已。

如果發表了有意義的見解，就會產生支持或反對兩種對立的立場。

但是，森井先生只是大聲重複對方所說的話而已。

託這項技能的福，他可以同時為兩千位客人挑選衣服，並讓所有人都喜歡他，就這樣度過了十年的設計師人生。

誇張地使用動作和手勢

「欸——真的耶——」

只用嘴巴說，根本無法傳達你驚訝的情緒。

身體後仰，舉起雙手，再說：「欸——真的耶——」比較能夠表現出你的驚訝。

透過肢體動作和手勢，能讓彼此感覺到聊天氣氛之熱烈。

一開始，應該會有不少人抗拒這種誇張的表現吧！

這真的只能靠練習了。訓練自己刻意、有企圖且誇張地表現驚訝。請朋友陪在你身邊，問他：「剛剛的驚訝方式如何？」就像訓練演技般地訓練自己，除此之外，別無他法。

假如要平時的自己誇張地回應別人的話，難免會有所抗拒。所以，輕鬆地去做就好了，試著誇張地回應朋友。

「怎麼了？剛剛表現得太誇張了嗎？」像這樣反問也可以。

實際試了就會知道，即使臉部表情還很僵硬也沒關係，有些情況只靠少許的動作和手勢就有效果了。

用臉部表情搭配誇張的音量、動作和手勢來回應對方吧！

03 戒掉「真的嗎？」改說「騙人的吧！」

「真的嗎？」這樣的回應只會讓對方不開心而已。

你不能以這種問題回應對方，尤其是年紀稍長的人。否則，對方不但會覺得你質疑他說假話，心情還會因此受影響。

對二、三十歲的人雖然可以輕鬆地詢問這句話，但這樣的問法對年長者來說特別難以接受。

「真的嗎？」這種問法本來就沒考慮對方的個性能否接受，即使你原本並無惡意，但如果因此讓對方不開心，閒聊就失敗了！

對於年長者，要改說：「應該是騙人的……沒錯吧？」假如是

同年或晚輩，就用「騙人的吧！」來回應，才能縮短彼此的距離。

「昨天中了樂透喔！」

「真的嗎？」

比起這樣的回應，下列模式更能讓對話持續下去：

「昨天中了樂透喔！」

「你應該是騙人的……沒錯吧？」

「昨天中了樂透喔！」

「真的嗎？」

「沒啦！抱歉，是騙你的……（沮喪）」

比起這樣的對話，下列對話反而會更加熱烈。

「昨天中了樂透喔！」

「你應該是騙人的……沒錯吧？」

「不，其實我……是開玩笑的，騙你的啦！」

支持所有政黨就能討人喜歡

我曾參加眾議院議員選舉，搭乘宣傳車時，最開心的事就是有人從車外對我大喊：「加油啊！我們支持你！」

當然，也有人按喇叭為我加油。

像這樣的回應，真的讓人非常開心！

但是，這些人真的是我的支持者嗎？其實不一定。

無論是自民黨、民主黨還是共產黨，只要看見搭選舉宣傳車的人，他們都會大喊：「加油啊！」

他們只是說了對方想聽的話而已。

實際上，應該有不少人覺得宣傳車很吵，乾脆禁止最好。

但應該也有一些人願意刻意說你想聽的話給你聽。

從此之後，我只要看到宣傳車，無論是哪個政黨，都會盡量跟著大喊：「加油！我們支持你！」

如果你開車與宣傳車擦肩而過，也試著按喇叭幫他們加油吧！別考慮自己該為哪個政黨的宣傳車加油，而要為所有的宣傳車加油。

平時就練習肯定所有的意見，就能成為受人喜愛的人。

CHAPTER 6

輕鬆獲得信任的「共感」技巧

01 發現三個共通點，就能成為「命中注定的人」

閒聊的前提不是找共通點（兩者的中點M），而是以「無關的事」（無關的另一點C）作為話題，但在閒聊過程中，有時也會偶然發現彼此的共通點。

如果能走到這一步，閒聊就算成功了；如果更進一步發現三個以上的共通點，就是非常成功的閒聊了。

比起有一個共通點的人，有兩個共通點的人更有命中注定的感覺。

比起有兩個共通點的人，有三個共通點的人更有命中注定的感覺。

閒聊時，如果偶然間發現對方喜歡的藝術家和自己一樣，而且兩人來自同一個縣市又志趣相投，接下來無論聊什麼，都能聊得很開心。

你喜歡日本歌手槇原敬之、是中日龍球迷、來自名古屋，若能遇到這幾點都剛好和你一樣的人，你應該也會覺得是命運的安排吧！

也有情侶在社群網站上因為有共同興趣而認識，結果發現兩人都是同一所國中畢業，而且竟然住得很近！於是感受到這是命運的安排，而結為連理。

你不是為了發現彼此的不同，才和對方聊天的。

閒聊時只要發現彼此的三個共通點，就能讓對方覺得是命運的安排了。

讓對方說出三次「我也是！」閒聊就算成功了

迪士尼動畫《冰雪奇緣》裡有這麼一段劇情：

女主角安娜在邂逅男子漢斯的當天，就決定要結婚了。

劇中有一首雙人對唱曲《開啟愛之門》（*Love is an Open Door*），在這首歌的歌詞裡，漢斯也不斷地附和安娜，而引起了許多共鳴。

無論安娜說什麼，他都說「我也在想一樣的事」，因此成功地拉近和安娜的距離。

「妳喜歡什麼？」

「我喜歡三明治。」

「這不是跟我一樣嗎？」

像這樣的問答，充滿了整首歌曲。

漢斯其實沒說什麼特別的話，也沒說出他希望那個國家未來應該變得如何，只是說了一些沒意義又無關緊要的話，再加上反覆地說「我也一樣」，就順利讓安娜相信他，並在一天之內答應要嫁給他。

仔細想想，不可能只因為喜歡的食物一樣，他就能和安娜結婚，並取得國家統治權。但正因為他能不斷地引起共鳴，才成功使安娜感受到這是命運的安排。

因為漢斯是閒聊的天才，安娜才會喜歡上他。

如果你能成為閒聊的天才，也能馬上讓對方喜歡上你。

閒聊就是有這種在一天之內讓對方以身相許的威力！

02 找不到共通點時，只要認同對方就可以了

應該有不少人認為，只要自己跟著說「我也是」，就能成為閒聊高手吧！

即便如此，現實中也可能遇到幾乎找不到共通點的狀況。

舉例來說，當男性的聊天對象是女性時，她說她是女的，你不可能跟著說：「我也是！」

像出生地這種後天無法改變的資訊，也常會和對方不同。

如果和對方明顯不同時，該怎麼辦呢？

這時，只要認同對方就可以了。

「我來自名古屋。」

「名古屋的外郎米粉糕很好吃呢！」

這樣回答，**就能讓對方感受到你對他的肯定。**

不必拘泥於發現彼此的共通點，只要輕鬆地認同對方，就能夠聊得更加熱絡。

從廣義來看，從不同中塑造「原來我們一樣」的感覺

就算對方喜歡摔角，你喜歡空手道，你還是可以說：「我也是！我也超喜歡格鬥技的！」

但接下來你可別一直強調空手道多麼有趣，否則對方也會越來越感受到你們的相異之處。

摔角和空手道都算是格鬥技，就大分類來說，應該可以引起共鳴才對。

即使對方喜歡小說，而你喜歡漫畫，但「喜歡書本」這個事實是一樣的。

只要跟著說「我也超喜歡看書的！」就可以讓彼此更加親近。

雖然有人會覺得「話雖如此，但講出自己和對方的不同之處，也是在表現自己啊！不這麼做的話，就無法展現自己的個性了」，但其實不然。

因為個性不是刻意的表現，而是自然而然流露出來的。

不刻意表現自己就無法顯現出個性的人，是本來就沒有個性的人。

不斷地引起對方的共鳴，自然就會顯現出有趣的個性。

即使隱藏了自己真實的想法，透過不斷地認同對方，也能磨練你的個性。

只要方向相同，就能找到對方認同的點

你或許會遇到這樣的狀況：

「我跟這個人完全找不到共通點，怎麼辦？無論是出生地、職業還是興趣，都完全不同，但我好想跟他變親近啊！」

此時，**只要意識到對方希望對話怎麼進行**，很容易就能找到對方認同的點了。

如果是男性，應該都會希望自己很受歡迎。

假如被人問道：「下次有聯誼的話，可以邀你一起去嗎？」應該有不少男人會覺得對方真是個好人吧！

女性的話，則會對以下三件事感興趣：

①打扮（美容）、②戀愛、③占卜。

幾乎沒有對流行不感興趣、不太熱衷戀愛話題也不相信占卜的女人。

所以，假如是推薦SPA會館、好用化妝品之類的話題，就很容易引起對方的共鳴。

當你因為和對方沒有共通點而苦惱時，有時只要將話題轉向對方可能有興趣的領域，就能打開話匣子，讓他侃侃而談了。

如果是家裡有小孩的母親，應該會在尋找能讓小朋友玩耍的地方；假如是正在尋覓結婚對象的女性，可能也正在考慮「到底有沒有適合我的對象」。

如果這時候向那位母親推薦說：「妳在找小朋友的遊樂場嗎？我知道既便宜又很不錯的地方喔！」就能跟對方聊得更加熱烈。

假如跟那位女性說：「我有合適的人選，要不要試著跟他見個面？」對方說不定會情緒高昂到直接說出「是喔？你是神吧！」

要是沒有共同話題，只要將頻道調整到對方希望的方向，便能拉近彼此的距離。

假如沒有共通點，
只要認同對方就可以了
我喜歡摔角！
我也喜歡
格鬥技！
雖然我喜歡的
是空手道……
我超喜歡
看小說的！
我也超喜歡
看書的！
雖然我喜歡的
是漫畫……
推理小說

03 說不出有趣的話，就期待對方吐槽吧！

有些人會覺得，在對話中，自己非得說出有趣的事不可。

然而，如果你講話比搞笑藝人明石家秋刀魚還有趣，就應該能以藝人身分出道了。

不斷講出有趣的話是很困難的。即使是專業藝人，也很難隨時說出有趣的話來。

既然如此，和對方建立「即使說出無聊的話，也能逗人發笑」的連結，就是最好的方法！

電視上常出現的藝人中，也有一群被歸類為「無趣的藝人」。

過去有一個節目叫作「無趣藝人特集」，就有一位來賓曾說道：「你說什麼都行，只是有很會吐槽的人在等著『接招』而已。」

你或許會覺得專業藝人一定要有趣才行，但無趣也是一種傑出的才能啊！

對話就是一種溝通，如果不先說些什麼，對話就無法開始。**就算你說了無聊的話，只要在場有人吐槽得有趣，也能夠引起哄堂大笑。**

與其自己努力用有趣的話撐住對話，倒不如將錯就錯，因為「和不同的人聊天，狀況就會不同，如果對方聽到無聊的話卻不吐槽，就有問題了！」

與其想著聊天時要贏過對方，不如先打好關係

「我不太能肯定對方，因為只要這樣做，就感覺好像輸了。」

有些人喜歡被人肯定，但必須認同別人時，就覺得自己輸了。例如，當自己的丈夫稱讚某道菜好吃時，有些人就會覺得只要說出「我也覺得好吃」，好像就輸了。

你不是為了讓對方閉嘴才跟他聊天的，而是為了讓他產生好感。

塔羅牌裡有一張叫作「力量」（Strength）的牌，這張牌的圖像是一個馴服獅子的女人，是一張表達「柔能克剛」的牌。

當獅子出現在你眼前時，提劍將牠打倒，就能獲得勝利。

可是，如果能馴服獅子、和牠變得友好，而不會被牠攻擊，也是一種勝利啊！

要是和獅子搏鬥，自己也有受傷的危險，即使打敗獅子，看見倒下的屍體，感覺也會很糟吧！真是如此的話，馴服獅子反而能在不殺生的狀態下解決問題，其實是更勝一籌的。

塔羅牌的「力量」不是以陽剛的方式來呈現，而是以溫柔的力量來描繪，真是非常有趣。

即使是在聊天，也會有人想讓對方閉嘴。

因為他們覺得，只要贏了辯論，就是贏過對方。

但就結局來說，雖然贏了辯論，卻反而會被對方討厭。

比起贏過對方，以和對方打好關係作為目標，才叫閒聊。

閒聊就是要學會這種溫柔的力量。

04 維持良好關係的訣竅——與對方目的一致

無論是感情多好的伴侶，一旦前進的方向不同，也可能會以離婚收場。

我曾遇過一位女性，她是因為丈夫太喜歡熊娃娃而離婚的。他們結婚後，丈夫馬上就從老家寄來二十個紙箱，聽說裡面全部都是熊娃娃。

他的興趣就是蒐集世界上所有的熊娃娃。整個家裡都是熊娃娃，零用錢也幾乎全花在那上面。

一旦發現新款的熊娃娃，他絕對會毫不猶豫地買下來。

先生不和她睡，反而抱著熊娃娃睡覺，所以沒有性生活的日子也持續了好幾年。

這位女性實在說不出「竟然喜歡熊娃娃，那我要跟你離婚！」這種話。

其實這和「你太喜歡巨人隊了」「你太迷韓劇了」之類的理由一樣，如果只是因為興趣不合就要離婚，那幾乎所有夫妻都可以離婚了。

她後來決定要離婚的理由是「因為兩人前進的方向實在相差太多了」。

無論和公司老闆的感情多好，只要你們期望的方向不同，最後就有可能導致你辭掉工作。

無論時間長短，「盡可能往同樣的方向前進」，對於促進關係良好是很重要的。

一般人只要遇到價值觀相同的人，都會覺得對方能了解自己，因而更喜歡對方。

像是看同一部電影、一起玩遊戲等，增加共同經驗，就能得到一個有相同價值觀的夥伴。

如果對方喜歡漫畫，只要一起看漫畫，就能不斷累積可引起共鳴的部分，讓彼此的關係更加親密。

若有人問你假日怎麼過，就反問回去

在聯誼活動中，有時會出現「假日都在做些什麼？」之類的問題。

「又不是假日都會有活動，而且隨著日子不同，也會有不同的過法啊！」這是你的真心話吧？

這問題是藉由詢問對方的假日安排，試圖理解對方的價值觀是否與自己相符。此時，如果回答「電影」「逛街」之類可以預測到的答案，就不是好的回應了。

因為這樣會有一定的機率和對方不同。

有可能會出現以下這種狀況：

「我都看電影。」「我不是。」

「我都去逛街。」「我不是。」

因此，**如果有人問你假日怎麼過，最好的方法就是反問對方：**

「你又是怎麼過的呢？」

在反問之後，接下來的對話是：

「我都看電影。」「我也是。」

「我都去逛街。」「我也是。」

這樣一來，彼此吻合的機率就會提高到接近百分之百。

「我假日都在放養鮭魚」「我都去攀岩，攀登一些懸崖峭壁」「每個週末我都會去爬富士山」，如果出現這種少見的例子，就不必回答「我也是」，只要用「真棒耶！」來肯定對方就可以了。

所以，**如果有人問你假日怎麼過，只要反問對方就行了。**

CHAPTER 7

商業溝通的「一分鐘閒聊術」

01 閒聊能成為商業往來的助力

很多人都覺得「如果產品好，應該就能賣得不錯」，其實不是這樣的。

「假如是信賴的人賣的東西，當然什麼都會買；但如果是無法信賴的人，就什麼也不會跟他買」，這才是事實。

跟商品本身的品質優劣無關，而是根據銷售人員的人格特質不同，銷路便會不同。

如果是廉價的日用品，就不會涉及銷售人員的個性。

比方說，要買幫寶適紙尿褲時，當然不會思考幫寶適的董事長是怎樣的人。購賣的理由，只是因為需要小孩的尿布而已。

也不會有人先考慮衛生紙公司老闆的個性，再去買衛生紙，幾乎都是看了衛生紙的包裝，覺得好像不錯就買了。

假如是無法親眼確認的商品，不買就不會知道品質。

像是顧問服務，因為看不到真正的內容，所以向誰買就變得相當重要了。如果是自己可以信任的人所賣的東西，就會願意掏錢購買。

像保險這種一般人難以理解內容的商品也一樣，很多人都是透過認識的人，覺得對方不會欺騙自己才買的。

想買尿布時，不會有人在收銀機旁跟店員閒聊，因為覺得店員很有趣而決定購買。有時間在收銀機旁閒聊，不如早點把東西賣掉比較實在。

因此，**如果是無法親眼確認的商品，在銷售之前，就必須讓對方感受到「自己是可以信任的人」**才行。

「是誰賣的」比「賣的是什麼」更重要

做生意就是要講求信用。

你會跟大公司買東西，就是因為你信賴那家公司。

「都已經是這麼大的公司了，不可能會賣假貨。」能讓人產生這種不言而喻的信賴，就是大公司的優勢。

能以個人身分贏得別人信任的必備手段就是閒聊。

如果講話有趣，對方就會覺得「這個人是好人，假如是他賣的東西，我都願意買」；而如果講話無趣，就會讓對方覺得「這項商品一定也很普通」！

即使你是個認真工作的人，如果講話無趣的話，別人就會覺得你的商品也一樣遜。

在商業往來中，要是不知道如何閒聊，就有可能錯失許多絕佳機會。

假如有以下兩幅畫讓你選，你會選擇哪一項？

①明確附有鑑定師鑑定書的畫

②模特兒級美女所推薦的假畫

理論上，應該會選①的畫作才對。

但實際上，你買下的應該是②。

閒聊就是一種能夠引發動機的方式。

如果能讓聽眾想聽你說話，他們也會願意聽你訴說真正的主題。

有美女推銷，就已經充分引起你想購買的動機了。

閒聊就像是第一次預賽，無法通過第一次預賽，就無法繼續前進。

擁有很棒的商品，又能夠掌握閒聊技巧，業績肯定會提升。

02 不會聊天的人就想不出好點子

「我有一個很棒的想法！」很多人雖然說了這種話，事實上卻只抱定一個想法。

方案A不行，就用方案B，方案B不行，就用方案C，將這些方案都事先準備好才行。

「我就是要用方案A，因為這才是最棒的方案啊！」

我很明白你的心情，但如果執著於單一想法而不願退讓，就會被當成是不知變通的人。

從聊天過程中，就能知道一個人到底是懂得變通還是冥頑不靈。

如果一個人能夠開心地聊一些五四三，即使原本很無趣的想法，他也能將它變成有趣的點子。

若A想法是五分，B想法是兩分，一般人當然會想要採用A。但假如是以下的狀況呢？

①隔天，A想法還是五分。

②隔天在改良後，B想法變成八分。

假如是這種狀況，B想法應該會比較好吧！

閒聊的能力就是把沒意義的話題變有趣的能力。

假使你擁有這樣的能力，對方也會覺得你或許能將最初的想法在隔天、一週或一個月後，改良成更有趣的點子。

如果是不會聊天的人，就會被認為是不知變通、也沒有什麼發展性的人。

所以，**請提升你的閒聊能力，這樣才會被認為是腦筋靈活、有發展性的人**。

筋疲力盡時
就會出現靈感

去客戶那邊開會，結束正題的討論，在回程的電梯裡，有時反而會冒出好點子。

我都是在家裡和編輯會面，再決定接下來的寫書方向。討論結束後搭電梯時，有時也會突然想出不錯的企劃，結果就這樣被採用了。

在討論正題時竭盡全力，**卻在筋疲力盡時的閒聊中突然冒出很棒的點子**。而且，不只有在進入正題前才會閒聊，正題結束後也可以輕鬆地閒聊幾句。

一開始的閒聊是先讓大家放鬆，在討論正題時進入緊繃狀態，回程的閒聊再讓大家放鬆——像三明治一樣，在主題討論的前後都需要閒聊。

正題前的閒聊可讓對方想跟你買東西，回程電梯裡的閒聊則能讓對方想再跟你買其他東西。

談論正題時若能賣出一項商品，內心的喜悅是一倍；在結束後的閒聊中，若能再賣出一項商品，喜悅就會變成兩倍之多！

休息時間的閒聊比正經八百的企劃簡報更能決定勝負

閒聊就像是摔角比賽的場外混戰，比起摔角場上的比賽，場外拿著鐵椅的爭鬥反而更有趣。

摔角比賽的勝負是在四方型摔角場之中決定的。但是，要讓觀眾樂在其中的話，只能靠場外來一決勝負了。

商業往來也一樣，大家常會認為企劃簡報表現得好不好，決定著該企劃案是否能被採用。

形式上，企劃簡報是必須的。

不過，休息時間在廁所閒聊時激盪出的點子，有時也會被採用。

選舉也一樣，無論在宣傳車上講得多麼天花亂墜，都和投票結果無關，反而從宣傳車上下來，實際去和有投票權的人握手、談話，才能讓對方興起「要投給這個人」的念頭。

你不一定會因為那人的政見好而投票給他，反而會因為覺得對方親切，才把票投給他。

我在參加眾議員選舉時，有人對我這樣說：

「我這次沒有投給石井先生，是因為你沒來我家附近的車站。然後，剛好有其他候選人來跟我握手，我就投給那個人了。」

要把票投給誰，原來不是靠政見，而是靠握手決定的！是否要採用這個企劃案，也不是在會議上決定，而是在廁所裡決定的。

因此，擅長閒聊的人就是擅長在場外一決勝負的人。

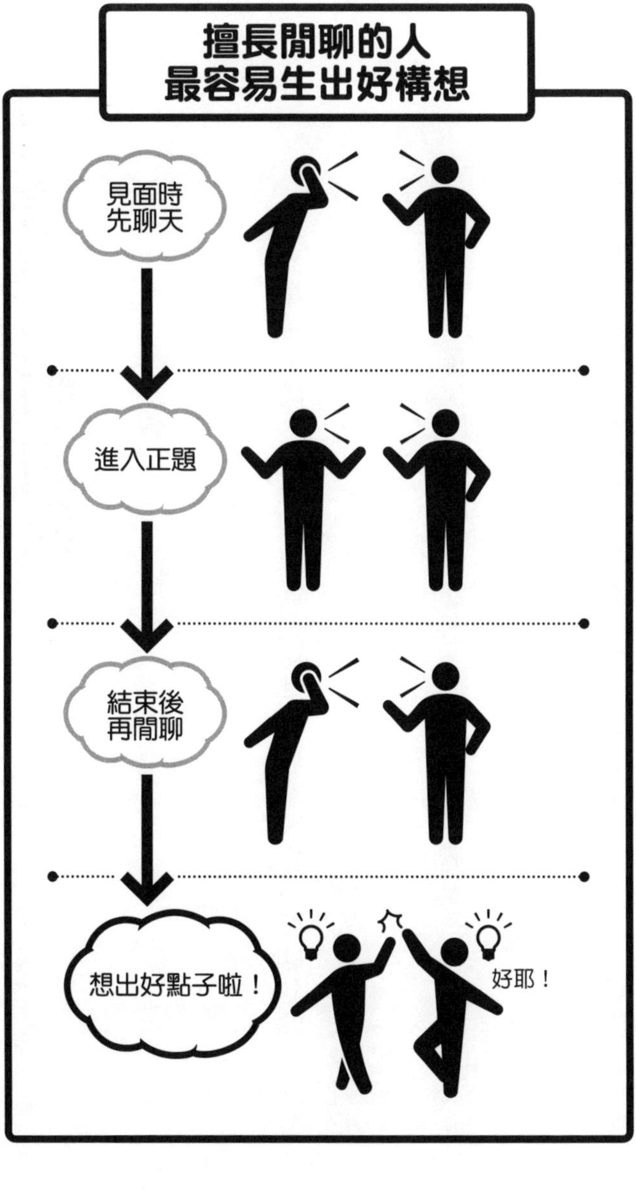
擅長閒聊的人
最容易生出好構想
見面時
先聊天
進入正題
結束後
再閒聊
想出好點子啦！
好耶！

03 從親身體驗中尋找閒聊靈感

「我看了今天的報紙……」商業往來時，把大眾媒體刊載的資訊拿來作為閒聊話題，就會被當成無趣的人。因為只要看了同一份報紙，任何人都可以得到一樣的資訊。

「為了尋找閒聊話題，我來上網搜尋一下吧！」像這樣的人也很無趣。

「我朋友的朋友說……」這種也只是道聽塗說的消息。

相較之下，將你的親身經驗拿來當作聊天的題材，反而才是最好的！

「我朋友去了那家店」和「我去了那家店」比起來，當然後者更吸引人。

「我朋友去參選」和「我之前參選過」相比，大家當然都會想聽後者的話。

以從第三者得到的資訊作為話題，通常都很無趣。

產地直送和中間經過一次轉手的產品，一般人當然會比較想品嘗前者。

如果有兩種玉米，一種是從北海道直送過來，另一種是在北海道採收後，輸出到菲律賓，再送回東京。相較之下，當然是前者更有吸引力。

閒聊話題也一樣，不能擷取報紙或網路上刊載的事，**以你的親**

身體驗作為聊天話題，才會被認為是有工作能力的人。因為大家會覺得你是能夠實際進行研究的人。

對方想聽的不是你在網路上搜尋到的東西，而是你親自體驗過的事物！

04 閒聊時，親身體驗勝於個人想法

「關於這件事，我是這樣想的……」閒聊時，像這樣把自己的看法當成話題並不適合。

因為這會產生「我贊成這個想法」「我反對這個想法」等不同聲音。

如果將可以贊成與反對的事當成閒聊話題，自己被認同和不認同的機率就各占百分之五十了。

然而，閒聊時，一定要讓對方百分之百認同才可以。

因此，不應以「我覺得如何」作為話題，而要**以「我最近做了**

些什麼」等實際經驗作為話題。

就算你說「之前去買了家具」，對方也不會反駁你說：「騙人！你不可能去買家具！」

沒錯，**你的實際經驗能百分之百得到對方的認同**。

「我之前買了冬季外套……」

「你一定是騙人的！」

對方不可能這樣反駁你。

假如你表示自己之後應該會去北海道。

對方應該會心想：蛤？你要去就去，不想去就不要去，有什麼好跟別人討論的？

對話就在這種狀況下無以為繼了。

如果你是講了之前去北海道的經驗。

「喔！你去了哪裡啊？」對方就能這樣接話。

所以，只要以自身經驗作為閒聊話題，對方也會興致勃勃地回應你。

記住，你的實際體驗就能引起共鳴。

與其凡事以自己為中心，不如把主導權交給對方

有些人會覺得「我們應該說出自己的意見！一旦人家認為你是沒有想法的人，在商場上就輸了」。

才沒有這種事呢！

「認真傾聽別人想法的人」才能夠得到對方的信任，才是在商場中獲勝的人！

如果有人強迫你接受他的想法，你應該也會覺得對方很討厭吧！

話雖如此，還是有人會覺得「非要有自己的想法不可」。明明自己也不喜歡被這樣對待，卻選擇成為這種討厭的人，那就得不償失了。

商業往來時，尊重對方是很重要的。

即使發表了自己的想法，卻會讓對方覺得不被尊重；如果能傾聽對方的意見，反而能讓對方更加信任你。

要說「您覺得如何呢？」而非「我來告訴你」。消除自己的立場，並重視對方所說的話，才能使對話進行得更加順利。

從親身體驗中尋找閒聊的題材

對象無論是顧客、客戶或同事，都是一樣的道理。

閒聊就是要以沒意義的內容作為話題。

內容也要完全歸零。

有意義的內容交給對方去發表就好。

你只要思考如何用毫無意義的話讓氣氛更加熱絡。

講了毫無意義的話，卻能讓場面變得歡樂的人，正是能在商場上成功的人。

毫無意義的閒聊，才是最有意義的。

附錄

讓閒聊力瞬間升級的十二個外掛程式

閒聊術雖然和一般認為的說話邏輯背道而馳，但仍有一套應該遵守的原則和學習過程，並非憑空而來。這套標準如果揣摩得好，在開口的前幾秒鐘，你就已為自己的閒聊力奠定了堅實基礎。除了作者介紹的方法，以下再和大家分享十二個能提升閒聊力的法則。

一、先以笑容展現魅力

在閒聊前，必須先藉由幾個預備動作來開場。這些動作很重要，能讓你在開口前，就博得對方的好感和潛意識的信任，而笑容就是其中的第一步。以下兩個原則，請大家把握住：

1、找到目標

笑容雖然能令人感到友善和愉快，但如果沒有目標地亂笑，會讓人覺得你很詭異。而最令人感到美好的笑容就是，聽到有人叫你時那回眸的一笑。為什麼？

首先，因為是「有人」叫你，所以你有了目標，自然產生「反射動作」一般的感應；再來，你回頭一看，面向目標；接著，搜尋到對方的目光，當四眼相對的時候，你又自然而然展現出最真誠的笑容。

這種完全發自內心的笑容，就是最原始、最強烈的「友善訊號」，能夠將內心最強大的正能量發射出去，彷彿成為一個「笑容發電廠」，散發出陽光般和煦的笑容，對被你注視、甚至不經意注意到你的人，形成一種「驚艷」的效果，而這效果往往出乎意料之外的強大。

所以，有空時要多練習這種回眸一笑，練習到愈自然，效果與震撼力愈強。

當然，還是要強調一點，「回眸一笑」是因為目標主動邀請你，你被動反應即可，如果換成你主動，就要先找好目標，再好好「放電」一番囉！

2、「速度適中」地慢慢笑

笑容的快慢也有很大的學問。笑得太快，就如同花朵綻放被攝影機捕捉後卻被以「快動作」播放，一閃即逝，那誰看得見？沒人清楚目睹，自然沒效果。

但是，笑得過於緩慢，也會令人感到非常怪異而無法接受。試想，你的笑容有如機器人般一個動作一個動作地呈現，那種僵硬感所帶來的恐懼恐怕已掩蓋其他感受了。

所以，微笑要快慢適中，有空多練習，就能精準抓出自己的獨特笑容，徹底展現魅力。

二、姿態像個人氣王

既然說「像個」人氣王，就表示還不是，這一點要告訴你的就是「氣勢」的重要。大家看看獅子和老鷹就明白了。一頭公獅只要抬起頭、聳起鬃毛，加上一聲獅吼，其他動作都不用做，整個威猛的態勢就完全顯現出來，令人畏懼萬分；至於老鷹，那勾喙微微抬起，兩隻鷹眼眸光一射，加上比身軀長數倍的翅膀一展，原本細長的身軀馬上擴展數倍，集高傲和尊崇於一身，更是不可一世，令人臣服。

人與人互動時常是一種心理戰，俗話說「假到真時假亦真」，即使你並非人氣王，也要表現出那樣的氣勢。雖然一開始只是假裝，但經由轉化和過濾，心態會發生微妙變化，漸漸地就會認同假充的模樣，最後真的進化成自己想像的那種人了。

這就是想像力訓練，只要時常想像自己是受歡迎的人物，並且把崇拜的偶像形象印在腦海中，只是頭換成自己的，想像他所有的姿態和舉動，再把自己帶入。久而久之，你就會變成他，他就成為你了，從此，你也是人氣王了。

三、敞開心胸，把人當好友

想讓人一見如故，和你無所不談，只要把握住兩點，一是開放自己的心，一是把每個人都當作老朋友。

很多人都認為交朋友很難，其實，就是這個想法限制了自己。當你認為很難，事情就會真的變得困難；反之，當你輕鬆看待交友這件事，認為「四海之內皆兄弟」，那麼這就會是一件容易的事。人與人之間的交流是互相的，你有沒有打開心胸，對方是感受得到的。

一個人若心胸開放，別人都能從他的眼神、動作等肢體語言和說話音量當中的熱情和外放深深感受到。「這個人是歡迎我的，他把我當一回事」只要對方接受到這種開放性的訊息，自然就會回應同樣的熱情和開放給你。因此，只要你的心打開，其他人接受到了，也會給你相同的回報；反之，「關閉的心」絕對無法獲得認同和迴響。

接著，就是把每個人當作老朋友，也就是說把心打開後，還要化為「每個人都已經是我兄弟、麻吉」的行動。這個認知是溶化他人的關鍵，因為當對方接受到你的心已經打開及你的「麻吉訊息」之後，就產生「你既然敬我一尺，我就應該還你一丈」這種想法。如此一來，你們之間就會形成一種良性循環，相處氣氛肯定會馬上升級，「一見如故」這個感受就會迴盪在你們之間。

只要他脫口說出「我怎麼覺得在哪裡見過你，感覺好熟悉喔！」這類話語，你們就變成「老友關係」了，其他事情自然就好辦了。

總之，讓自己擁有開放的心態，隨時接納各方朋友，這樣所有人都會當你是老朋友，因為「人是互相的」。

四、引起他人的好奇心

好奇心人皆有之，但問題是如何引起呢？其實，只要你身上具有比較特殊的特徵或配件就可以，例如：禿頭、髮型、胎記、飾品、造型眼鏡、手錶、頭帶等，總之，只要你看起來與眾不同，哪怕只有小小的不一樣也可以，這樣就能引起話題。

若你本身具備話題性，就能吸引他人注意，讓人產生與你攀談的興趣，更精確地說，讓人有藉口與你交談。

這個技巧一則是你主動發出吸引人的訊號，讓人想跟你交談，一則是讓原本就對你感興趣的人有機會與你交談。簡單講，就是製造機會讓原本沒注意到你的人留意到你，或讓原本就對你感興趣的人有機會認識你。

也就是說，在還沒開口前，你就已經散發出「來和我交談、當朋友吧！」的訊息，大家自然就想找你說話。這樣一來，你不想成為焦點、人人都想和你攀談，都很難了。

五、只談第三方話題

閒聊術中有一個鐵則——不談論和對方有關的事情，因為這會令人懷疑你在打探隱私，而產生不舒服感，破壞聊天氣氛。

但是，這是針對交談雙方的「你」「我」之間而言，如果是關乎第三方「他」的事情，這個鐵則還適用嗎？當然不適用，而且這反而是引爆話題的祕訣喔！

因為人的好奇心是對外的，只要不是和自己相關，而是第三方「他」的事情，大家的「八卦精神」馬上就回來了。所以，這個代表第三方的「他」就等於「話題來源」。

當你想認識某人的時候，只要嘴巴甜一點，放膽地問：「那個人是誰？」保證在你還沒認識本人以前，就有很多人奉上相關資訊了。

在你獲知許多情報後，自然也能獲得認識對方的機會。當然，這樣的詢問只是事前準備而已，等真正結識對方時，才能驗證情報和實情之間的距離，但無論如何，你對那人已經占據交往的制高點，擁有主動權和主導權了。

話說回來，認識人最主要的目的是訓練膽識、社交技巧和拓展人脈，最終是希望被更多人認識、認同，並且獲得幫助。在這個前提之下，心存正念很重要，如此的正能量才對自己有益，而非一味想從對方身上獲得好處。

有了如此認知，等你達到想認識誰就能認識誰的境界時，才能真正吸引到志同道合的「益友」，建立堅強的夥伴、老友關係。否則，只有利害關係的話，那只是「狼狽為奸」的翻版而已，就算一時得計，最終仍會讓自己受害，得不償失。

六、緊抓對方話中的線索

有時，在看似要終結的談話中，其實隱藏著起死回生的線索，只是非常容易被忽略而已。

就以我為例吧！有一次在茶水間遇上個性沉默寡言、平時沒講過幾句話的宅男小劉，我寒暄道：「天氣真熱啊！明明十二月了，怎麼還將近三十度！簡直就是和秋老虎一樣的『冬老虎』了！」當我自以為幽默地說出這番話後，沒想到對方只淡淡地說了一句「這對植物好啊！」似乎不想繼續這個話題了。

氣氛超尷尬的，我判斷不出對方的意思，正急著要沒話找話時，突然發現這線索不就近在眼前嘛！

於是，我鍥而不捨地繼續用很感興趣的語氣問說：「植物？植物怎麼了？」接著，這位平常幾乎不說話的宅男竟然長篇大論起來，而且，他顯然是個「綠手指」，擁有豐富的植物知識，當場把我轟炸了十分鐘之久。從此以後，他就把我當作公司裡唯一的「傾訴對象」兼好朋友，一碰到我就會自動打開話匣子。過了不久，他更幫我解決了同為「綠手指」的客戶的植物問題，讓這位原本不太熟的客戶從此成為我的忠實顧客！

從這個經驗，我得到了一個結論——當一個能從對方話裡抽絲剝繭的「談話偵探」很重要，不僅能拯救冷場，有時還可在意想不到的時候發揮意外效果喔！

七、鸚鵡學舌，就能輕鬆接話

閒聊就像網球、排球、羽球等運動，要一來一往才激烈、才旗鼓相當，否則老是掉球，或回得不夠好，就「game over」了。同樣地，人一被對方接受、認同，就像找到知音一般，「打開話匣子，嘴巴停不了！」因此，你只要一直保持認同對方的態度就可以了。何謂「認同的態度」呢？很簡單，就是做一隻「鸚鵡」！

鸚鵡的特點就是會模仿人說話，同時詞彙能力有限，所以來來去去說的就是那幾句。因此，要認同對方就是「重複對方的話」，當作問題丟回給對方，也就是借力使力，把球巧妙地「彈回去」。

利用這個方式可讓對方進入你的說話模式，變成他在講、你在聽，而你只要順其自然變成一個良好的傾聽者就行了。

要採用這個方法，你得具備兩個條件：一是具備讓對方開口說話的能力，二是具備耐心傾聽的能力。這樣一來，你根本不用設法接話，只要著重於引導對方說話，而且引導對方說愈多，對方愈覺得你是一個「善解人意」的人。事實上，你只是會「聽話」而已。

換個層次來看，說話、聊天固然是一種能力，但「聽話」的功力更高，因為你必須先準備好、練習好，讓自己具備這個特質才行。因此，在完備閒聊力之前，請先進一步擁有「傾聽力」才是。

八、擁有八卦力，就不缺話題

雖然「天氣」是閒聊最理想的話題，但同個話題總不能從開頭用到結尾，畢竟「聊天」並非真的「只聊天氣」。那該聊什麼呢？答案是聊八卦！閒聊力可以說就是八卦力，愈能東家長、西家短，愈能創造話題，點燃對方的興趣。當然，還要能察言觀色，知道什麼話題能吸引對方。因此，事前準備不可少。

據說，很多色情業者都非常要求旗下「員工」要能與時俱進，每天都要看新聞，熟知時事，才不會讓客人覺得「無聊」。根據統計，這些小姐進行服務時，真正用在「情趣」的時間只占三、四成，其餘時間都在閒聊！那小姐們的閒聊力當然重要了。

由此可知，每天上網、閱讀報章雜誌，知道最新、最流行的事情，培養自己的八卦力，是閒聊力的基本功之一。但本書作者也提醒大家，不可直接引用網路文章和新聞報導來當閒聊話題，因為對方若看過同一則資訊，就不會產生興趣。掌握時事潮流之後，還要適度地加以發揮才行喔！

九、選對時機，表明你是「自己人」

「物以類聚，人以群分」，讓別人覺得你是「自己人」、同一類人非常重要，因為「自己人」就代表能「信任」、可一起做很多事情的人。然而，在初次見面便要獲得這種待遇，就非常需要技巧了。

其中最有用的是運氣，比如說，雙方剛好是同鄉、遠親，能有這層關係，那就太幸運了，隔閡馬上大幅降低。但遇上這等好運的機率低，不妨運用作者介紹的技巧——點出兩人的共通點，而表明的時機更是關鍵。

以籃球為例，在對方講了老半天的飛人喬丹、魔術強生、俠客歐尼爾……的絕殺鏡頭、哪一場得分最厲害……之後，你再告訴他全美各地場館、票價、交通、飲食……等更細節的經驗，甚至還有這些球星的簽名、球衣和季票等，相信能讓他目瞪口呆，這時，你才對他眨眨眼，他肯定會興奮地大喊一聲，同時抓住你的肩頭，請教更多問題，因為你已不再是陌生人，而是他的「麻吉」，是「NBA的粉絲大哥大」了。

這種「後發先至」的功力就是閒聊的最佳展現。要發揮這種實力得具備兩個條件：一是要有耐心，要先讓對方暢所欲言，你才以石破天驚的方式，給對方一個驚喜級的回覆，這樣不但能立刻成為他同一夥的，還是「領導人物」。二是平時就要累積「談資」，才能「話到用時剛剛好」。平常要廣泛閱讀和留意各方資訊，才能累積各類知識，滿足各種狀況和場合的應對需求，成為聊天場上的焦點人物。

十、使用對方話語的關鍵詞彙

要讓對方覺得你和他是同一夥的，還有一個方法——認真傾聽，找出對方話語的關鍵詞彙。找到對方認同的詞彙之後，就要加以使用，而且必須「一字不差地重複」才行。一定要如此精準，才能不著痕跡地讓對方感覺你是同一國的。因為當他聽到的都是自己慣用的語彙，就會認定你是「自己人」。

比方說，和自己開業的藥師談話時，不要說「藥房」，而要說

「藥局」，因為藥局才是專業且尊重的說法，藥房則是不太正式的用語；如果遇到愛狗人士，就不能問「你『有』幾隻狗？」而要說「你『養了』幾隻狗？」因為狗狗對他們而言是家人，而非寵物。對待愛貓人士或其他愛護動物人士也是如此。

所謂說話技巧，其實就是注重細節、注意用語，如此而已。

十一、語氣肯定才能受人信任

關於閒聊力的養成，特別注重「氣勢」這部分。除了前面第二點提到的姿態，還要講話鏗鏘有力，沒有遲疑猶豫，才能讓聽者感受到你的自信和對事情的高度判斷力。

也就是說，一聽你講話，對方就能感覺你值得信賴。如此一來，你講話的分量立刻加倍，進而建立起好名聲，獲得重視。這就是「理直氣壯」的道理。

舉例來說，明章做事認真負責也守規矩，但說話總是怯怯懦懦的，很多明明正確的事被他一說，就變成錯了。原來就是他說話語氣總是不太肯定，音量也小且像嘴巴含滷蛋一般口齒不清，令人聽得一頭霧水，總要重複好幾遍，對方才能理解。久而久之，他給人的信任感就降低了。

後來，公司有一次升遷機會，長官選了另一個口舌伶俐的人；同時，他也一直不敢向心儀的女孩表白，結果對方就被追走了。經過這樣的雙重打擊，他就離職了。

三年後，我們偶然重逢，沒想到他竟然成了一家訓練機構的主講師！講話口若懸河、聲音宏亮、信心滿滿，簡直完全換了一個人。原來，經過了那一番「寒徹骨」，他痛定思痛，下定決心接受說話與自信的相關訓練，終於把以前的毛病澈澈底底改掉了。

他說，沒有其他訣竅，就是拿出「自信」，勇敢大聲地把話講清楚，不再有無謂的擔心，畢竟就算說錯了，也還有修正和解釋的機會；但如果講不清楚，反而會讓人產生懷疑，結果更慘。

總之，要先相信自己說的話，放心地說出來就對了！

十二、用跳針式回應阻止惡意打聽

不想回答，希望對方閉嘴的時候，那就「跳針」吧！

這世上就是有人不知輕重，總是哪壺不開提哪壺，欠缺同理心，無法體諒別人，而要用自己的「好奇心去殺死別人」。如果不能好好應付這種人，不但會讓自己很難堪、下不了台，甚至會造成傷害。

因此，要事先設想好答案，作出因應之道，才能在遇到這種尷尬情況時巧妙回應，又不傷和氣。

我母親有一位閨密，我們都喊她「蔡阿姨」，她原本和老公一同經營公司，做得有聲有色，卻在幾年前被小三破壞無遺，只能離婚。離婚後，她迫於現實，還是留在原來的崗位，沒能切斷與前夫的股東關係。外人不免好奇，又不好意思詢問，於是趁著年終吃尾牙時，推派一個向來就不識相的人開了口。

「蔡董，您和李董現在到底是怎麼回事啊？」當他這樣問起時，其他人都若無其事地繼續吃飯、喝酒、聊天，但其實所有耳朵都豎直了聽著。只見蔡阿姨不疾不徐、語氣平和地說：「我和他就是股東關係，一同為公司打拚。」

問話的人見計不得逞，繼續追問：「很多人私底下都在亂傳，這樣對公司營運似乎有影響，不如把話說清楚？」蔡阿姨聽了，還是語氣和緩地說了：「我和他就是股東關係，一同為公司打拚。」

一聽還是這個回答，那人愣了一下，依舊不死心地追問：「再這樣下去，會弄得人心惶惶的，大家都很擔心會影響公司業績，您就給大家一個安心吧？」蔡阿姨還是跳針似地回答：「我和他就是股東關係，一同為公司打拚。」就這樣，那人終於打退堂鼓，這個危機便靠蔡阿姨始終如一的態度解除了。

遇到無禮之人惡意打聽，你卻無法解釋、不願解釋也不能解釋，但又不願傷了和氣時，反覆用同樣的語氣與表情回答，就能維護尊嚴、從容面對，可說是沒辦法中的最好辦法了。

後記

一般都會認為，A點和B點之間的最短路線一定是直線距離。

就數學邏輯上來說，確實是如此。

但這樣的想法中缺少了「速度」的概念。

緩慢地從最短路線走過去，跟繞遠路但全力衝刺比起來，全力衝刺反而可能更早到達。

那麼，要怎樣才能最快到達B點呢？

沒錯，只要瞬間移動過去就好了。

就像哆啦A夢的任意門一樣，一瞬間就到達那個目的地，這絕對是最快的。

比方說，「我來依序說明這項商品的五個特徵：「一、品質優良，不易損壞。二、取得專利，是本公司的獨家商品。三、擁有五年保固。四、價格便宜。五、現在還附送贈品。您覺得如何呢？」

像這樣一個步驟、一個步驟地說明，是一種銷售商品的手法。

很多人都覺得，這才是A點到B點的最短路線。

但是，閒聊就像瞬間移動一樣。

在閒聊完全不相干的話題一分鐘之後，也不用特別說明商品的內容，就直接問：「對了，要不要買這個商品呢？」

對方應該會回答：「好啊！如果是你推薦的就買吧！」

就這樣的對話來說，結果是一樣的。

甚至可說反而是最快的！

想跟女孩子交往時，如果說：

「我先自我介紹，我是這樣的人。」

「下次一起吃個飯吧！」

「接著去酒吧聊聊吧！」

每個階段都照著步驟來，對方也不一定會喜歡上你。

但是，在快樂地閒聊過後，直接問對方：「要不要跟我交往啊？」

對方應該會回答：「嗯！好啊！」

這樣反而才是最快的。

閒聊就是聊和對方無關、也沒有意義的話。

然而，要縮短彼此的距離，閒聊卻是最有效的方法。

假如有以下兩個選項：

①講了一小時有意義的內容，兩人卻依舊很疏遠。

②聊了一分鐘沒意義的內容，彼此卻更加親近了。

相信你會毫無疑問地選擇後者，而這就是聊天聊不停的祕訣！

乍看之下，閒聊好像是一種白費功夫的行為。但雖然像在繞遠路，實際上卻是能讓你最快抵達目的地的捷徑。

對你來說，毫無意義的閒聊才是最有意義的！

石井貴士

毫無意義的閒聊，
才是最有意義的。

國家圖書館出版品預行編目（CIP）資料

幹大事的閒聊力：31 個一針見血、拍手叫好的臨場説話術 / 石井貴士著 . -- 初版 . -- 新北市：好的文化，2019.1
面；　公分

ISBN 978-986-5626-84-6(平裝)

1. 説話藝術 2. 溝通技巧 3. 人際關係

192.32　　107020985

內在小革命 049

幹大事的閒聊力

作　　者 / 石井貴士
譯　　者 / 巫家蓮
社　　長 / 陳純純
總 編 輯 / 鄭　潔
主　　編 / 梁志君
特約編輯 / 謝佩親
封面設計 / 高鶴倫
內文設計 / 余德忠
整合行銷總監 / 孫祥芸
行銷企劃經理 / 陳彥吟
北區業務負責人 / 陳卿瑋 mail：fp745a@elitebook.tw
中區業務負責人 / 蔡世添 mail：tien5213@gmail.com
南區業務負責人 / 林碧惠 mail：s7334822@gmail.com

出版發行 / 出色文化出版事業群・好的文化
電話 / 02-8914-6405
傳真 / 02-2910-7127
劃撥帳號 / 50197591
電子郵件信箱 / good@elitebook.tw
地址 / 台灣新北市新店區寶興路 45 巷 6 弄 5 號 6 樓

法律顧問 / 六合法律事務所　李佩昌律師
初版一刷 / 2019 年 1 月
定　　價 / 350 元

廣	告	回	信
板橋郵局登記證			
板橋廣字第891號			

免 貼 郵 票

23145

新北市新店區寶興路45巷6弄5號6樓

好優文化出版有限公司

讀者服務部　收

請沿線對折寄回，謝謝。

好good的

Publish

請以膠帶封口

好good的 Publish

讀者基本資料

幹大事的閒聊力

姓名：________________ □女 □男　年齡________________

地址：____

電話：O:____________ H:____________ 手機:________________

E-MAIL：____

學歷 □國中(含以下) □高中職 □ 大專 □研究所以上

職業 □生產/製造 □金融/商業 □傳播/廣告 □軍警/公務員 □教育/文化
□旅遊/運輸 □醫療/保健 □仲介/服務 □學生 □自由/家管 □其他

◆ 您從何處知道此書？

□書店 □書訊 □書評 □報紙 □廣播 □電視 □網路 □廣告DM
□親友介紹 □其他

◆ 您以何種方式購買本書？

□實體書店，________________書店 □網路書店，________________書店
□其他 ______________

◆ 您的閱讀習慣(可複選)

□商業 □兩性 □親子 □文學 □心靈養生 □社會科學 □自然科學
□語言學習 □歷史 □傳記 □宗教哲學 □百科 □藝術 □休閒生活
□電腦資訊 □偶像藝人 □小說 □其他

◆ 您購買本書的原因(可複選)

□內容吸引人 □主題特別 □促銷活動 □作者名氣 □親友介紹
□書名 □封面設計 □整體包裝 □贈品
□網路介紹，網站名稱____________________ □其他________________

◆ 您對本書的評價(1.非常滿意 2.滿意 3.尚可 4.待改進)

書名_____ 封面設計_____ 版面編排_____ 印刷_____ 內容_____
整體評價_____

◆ 給予我們的建議：____

※凡填妥讀者基本資料並郵寄或傳真回出版社，就有機會獲得精美小禮物※

請投遞郵筒寄回或傳真至：02-2910-7127，謝謝您的支持！